FISCHER

Unsere Demokratie ist bedroht – von innen wie von außen. Wie konnte es dazu kommen? Die Politologen und Publizisten Hajo Funke und Walid Nakschbandi zeichnen den Wiederaufbau der Demokratie in der Bundesrepublik nach: An prägnanten Punkten der jüngeren Geschichte machen sie deutlich, welche Wendungen die Entwicklung nahm und weshalb wir heute vor der entscheidenden Frage stehen: Wollen wir eine vielfältige Gesellschaft einer demokratisch rechtsstaatlichen Nation sein – oder sind wir bereits auf dem Weg in einen nationalistischen Staat? Eine leidenschaftliche und engagierte Analyse zu einem der drängendsten Probleme unserer Zeit.

Hajo Funke, geboren 1944, ist Professor für Politikwissenschaft am Otto-Suhr-Institut der Freien Universität Berlin. Er war unter anderem Gastforscher an der Harvard University in Boston sowie Gastprofessor an der University of California in Berkeley und ist ein vielgefragter Gutachter und Kommentator zu den Themen politische Kultur, Rechtsextremismus sowie Antisemitismus.

M. Walid Nakschbandi, geboren 1968, studierte Politische Wissenschaften und Jura in Bonn, Nashville / Tennessee und am Otto-Suhr-Institut in Berlin. Er ist Produzent und Autor zahlreicher Filme sowie politischer Dokumentationen und Geschäftsführer der Holtzbrinck-Tochter AVE.

Weitere Informationen finden Sie auf www.fischerverlage.de

DEUTSCHLAND

DIE HERAUSGEFORDERTE DEMOKRATIE

Hajo Funke
Walid Nakschbandi

FISCHER

MIX
Papier aus verantwortungsvollen Quellen
FSC® C083411

Originalausgabe

Erschienen bei FISCHER Taschenbuch
Frankfurt am Main, August 2017

Satz: Fotosatz Amann GmbH & Co. KG, Memmingen
Druck und Bindung: CPI books GmbH, Leck
Printed in Germany
ISBN 978-3-596-70121-6

Für Nooria, Samé und Amón

Die Demokratie ist keine Frage der Zweckmäßigkeit,
sondern der Sittlichkeit.
(Willy Brandt)

Inhalt

Einleitung: Wie demokratisch sind wir?

Vor 20 Jahren hat der liberale Soziologe Ralf Dahrendorf angesichts der sozialen Folgen der Globalisierung vor einem »autoritären Jahrhundert« gewarnt. Auch in Deutschland sind die Folgen der sich ausbreitenden Globalisierung in vermehrter sozialer Angst, vor allem aber in neuen Bewegungen des Ressentiments zu beobachten, in einer Vergiftung des Alltags bei zu vielen, nicht nur gegenüber denen, denen man ihre »andere« Herkunft ansieht – eine Form von Alltagsrassismus, der in die Wohnzimmer dringt und den Zusammenhalt aufkündigt, ja angreift: *Ihr gehört nicht zu uns, was immer ihr noch für uns tut, wie immer ihr euch anpasst und wie lange ihr auch schon hier lebt. Geht! Verschwindet!* Es reicht.

Wie gefährdet ist die neue deutsche Demokratie, die es seit Ende des Zweiten Weltkriegs, vor allem aber erst seit der Vereinigung Deutschlands 1990 gibt?

Als die Geschichte sprach und die Demokratie in Deutschland siegte

Mit dem Wunder vom 9. Oktober 1989 – dem friedlichen Protest in Leipzig – und der Einigung Deutschlands in den folgenden Monaten schien die Geschichte mit dem nationalsozialistischen Erbe eine versöhnliche Entscheidung getroffen zu haben. Am 9. November 1989 fiel die Mauer, und wenige Monate später war Deutschland friedlich wiedervereinigt, durch Verträge in Europa und in die internationale Staatengemeinschaft eingebettet. *Freude schöner Götterfunken* – das war die Melodie unter der Leitung der großen Dirigenten auf den öffentlichen Plätzen der neuen Nation.

Die Ereignisse sind in unvergesslichen Bildern eingeprägt: die Vermeidung der Gewalt in Leipzig. Die Öffnung der Grenze über Prag. Die Öffnung der Mauer am 9. November. Die Zerstückelung der Mauer durch pickende Hämmer und Meißel am Brandenburger Tor. Und die Feiern dort. Ist es unverständlich, warum man sich freute, in Freuden schwelgte und Visionen von einem friedlichen Deutschland und Europa hatte? Und Michael Gorbatschow ebenso wie Egon Bahr von einer gemeinsamen Sicherheitsarchitektur in Europa träumten?

Die internationalen Zwei-plus-vier-Verhandlungen (die vier Alliierten und die beiden Deutschlands) zur Einigung Deutschlands wurden von Persönlichkeiten geführt, die ihre Grenze kannten, die verantwortungsvoll waren und vor allem nicht nationalistisch. Das galt für Michael Gorbatschow wie für George Bush senior. Auch in Deutschland waren Menschen wichtig, die in verschiedener Weise dem Nationalsozialismus ausgesetzt waren und vom Nationalismus »die Schnauze voll«

hatten. Das galt nicht für alle, aber immerhin für Richard von Weizsäcker, Willy Brandt und Hans-Jochen Vogel. Es gab allerdings Ausnahmen – die Nationalkonservativen wie der langjährige CDU-Fraktionsvorsitzende Alfred Dregger und sein Anhang nicht nur in Hessen. Trotz erheblicher Bedenken des französischen Präsidenten Mitterrand und der englischen Premierministerin Thatcher kam es zu einem schnellen Vereinigungsprozess.

Sie wussten nicht, ob sie den Deutschen trauen sollten. Hatten sie nach einem Vierteljahrhundert recht? Mit den ersten Erfahrungen des neuen größeren, wiedervereinigten Deutschland nahm die Angst auch unter den Nachbarn ab. Und auch die Deutschen selbst schienen mit sich zufrieden. Sie waren beschäftigt mit der inneren Ausgestaltung der deutschen Einheit und mit den Problemen der Transformation der ostdeutschen Ökonomie. Aber dies alles unter dem Schirm einer durchaus gegebenen Normalität.

Die Einigung selbst schien zunächst zu gelingen, obwohl doch die Mehrheit der Ostdeutschen sich durch die neunziger Jahre hindurch als Bürger zweiter Klasse empfand, wohl auch, weil ihre Erfahrungen mit der *Treuhand* vielfach für soziale Probleme gesorgt hatten und die Kinder der Einheit aus Enttäuschung oder Desorientierung und durch fehlende Auseinandersetzung mit Rassismus und NS-Vergangenheit sich zu Teilen einer furchtbaren rechtsextremen Gewaltwelle anschlossen. Die neunziger Jahre waren – nun erheblich nationaler und »selbstbewusster« – weiterhin eine Zeit der Debatten um das neue Deutschland im Umgang mit der DDR *und* dem Nationalsozialismus.

27 Jahre danach. Die neue Wut – auf die »Fremden«

Stehen wir heute mit der Entfesselung des Ressentiments durch rechtspopulistische Bewegungen vor der Wiederkehr eines autoritären Nationalismus, oder bleibt dies anders als in Nachbarländern oder in Amerika auch aufgrund der Auseinandersetzungen in den Jahrzehnten zuvor das begrenzte Problem einer unausgeglichenen wie radikalen Minderheit? Ist Deutschland *demokratisch* selbstbewusst genug, um in einem sozialen und solidarischen Europa die nun auferlegte historische Bewährungsprobe demokratisch und sozial, als soziale rechtsstaatliche Demokratie zu bestehen?

Denn es gibt eine neue Wut, weltweit und in Deutschland. Trump löste Obama ab. Marine Le Pen bekam bei der Präsidentschaftswahl knapp 34 %. Die Rechtspopulisten sind auf dem »Vormarsch«. Der Brexit beschäftigt die europäische Politik und die Finanzmärkte. Die Krisen in den südeuropäischen Ländern sind nicht behoben. In Syrien herrschen die grauenhaften Folgen eines Krieges seit über fünf Jahren. Den Deutschen geht es so gut wie nie zuvor. Aber sie haben Angst vor der nächsten Flüchtlings»welle« und sind vor allem auf der Suche nach sichernder Kontinuität und Stabilität mit Personen, denen sie weiter zu vertrauen vermögen.

Handelt es sich um eine Gefährdung unseres Gemeinwohls, wenn Deutschland Flüchtlinge aufnimmt, mehr als andere in Europa, dies aber nach den internationalen Verpflichtungen tut, auch wenn sich die Deutschen eingestehen müssen, dass es große Herausforderungen für das Krisen- und Flüchtlingsmanagement bis heute gibt, die man aber bei geeignetem Einsatz, geeigneter Kompetenz und geeigneter öffentlicher Debatte sowie ausreichend finanzieller Ressourcen womöglich doch wird stemmen können?

Oder geht es zugleich um mehr – und die vielen Schwierigkeiten, die betont werden, sind eher Anlässe, um dieses »Mehr« auszusprechen: dass die Flüchtlings»krise« an die vermeintliche »Identität« dieses Deutschland gehe? Und wenn das so wäre, hieße das, dass Deutschland im Grunde nur halb oder gar nicht will, dass es Minderheiten in diesem Land gibt und es sie deswegen auch nicht integrieren will – und kann: die 3 Millionen Türkinnen und Türken, die insgesamt über 4 Millionen Menschen muslimischer Herkunft und die vielleicht 9 bis 15 Millionen oder mehr, die teilweise anderer ethnischer Herkunft sind? Dann wäre die Frage nach der Identität eine des: wir oder die, »wir« Deutsche oder die anderen »Fremden«, auch wenn sie längst hier leben – und: »die« (diese Flüchtlinge, Fremden, Muslime) sind von existentieller Gefahr für unser (ethno-)nationales Gemeinwesen.

Dieser Skepsis steht allerdings entgegen, dass eine große Mehrheit Bürgerkriegsflüchtlingen Schutz gewähren will und es die größte zivilgesellschaftliche Initiative in der Geschichte Deutschlands gibt, bei der über 8 Millionen Menschen den neuen Flüchtlingen helfen und über 30 Prozent dazu bereit sind. Wenn sie dazu Gelegenheit sehen.

Plural oder national

In diesem Buch geht es um Kernelemente dessen, was »deutsch« sei: Sind wir Teil eines pluralen, ethnisch divergenten politischen Gemeinwesens, einer demokratisch rechtsstaatlichen und inklusiven Nation, oder sind wir Teil eines sich ausweitenden Backlashs, eines Zurück zur ethnonationalistischen, im Zweifel auch rassistisch homogenen Nation?

Dazu zeichnen wir anhand öffentlicher Ereignisse, Kontroversen und ausgewählter Filme nach, wie dieses Deutschland sich anders zu verstehen begann – im Vergleich zu früheren Jahrzehnten und Jahrhunderten: eine untypische – neue – deutsche Nation, anders als die deutsche Einigung fast 150 Jahre zuvor im Jahr 1871 unter Bismarck und noch erst recht anders als in den Epochen des Ultranationalismus in Deutschland und Europa in der ersten Hälfte des 20. Jahrhunderts. Ist dieses Deutschland neu, und zwar als demokratisch rechtsstaatliche Nation? Dabei ist die Annahme leitend, dass die Vereinigung der beiden deutschen Staaten die Grundlage für ein neues politisches und historisches Selbstverständnis bildet. Anders als das deutsche Nationalbewusstsein, das seine wesentlichen Wurzeln in der Entwicklung zum deutschen Nationalstaat seit Mitte des 19. Jahrhunderts hatte. Erst die Katastrophen des Ersten und Zweiten Weltkriegs, des kurzen »Jahrhunderts der Extreme« hatten dazu geführt, dass sich die Westdeutschen nach 1945 zunächst unter den Augen der Westalliierten ein Grundgesetz und damit eine Demokratie gaben, das die Menschenwürde und die individuellen Rechte in den Vordergrund rückte – und sich dieses Verständnis inzwischen auch in Ostdeutschland verankern ließ.

Aus heutiger Sicht schien die Entwicklung einer gesellschaftlich verankerten Demokratie zielgerichtet. Sie war jedoch von dramatischen Episoden durchzogen, die wir, wenn wir die Verankerung der Demokratie in der Gesellschaft der Bundesrepublik verstehen wollen, kurz streifen sollten: die frühe Entscheidung im Parlamentarischen Rat zum Grundgesetz *und* das entschiedene und bewusste Beschweigen der Verbrechen des

Nationalsozialismus in Familie, Öffentlichkeit und Politik, der Verbrechen von Wehrmacht und SS in einem langen Jahrzehnt der Verdrängung und eines gesellschaftlichen Autoritarismus; die Kämpfe Fritz Bauers und anderer seit Ende der fünfziger Jahre um die Auslieferung Adolf Eichmanns und vor allem um den Auschwitz-Prozess in Frankfurt; die Erschütterung der Studentenbewegung und der Glücksumstand, dass Gustav Heinemann und Willy Brandt darauf mit einer gesellschaftlichen und sozialen Demokratisierung reagierten und den Kalten Krieg durch eine Politik friedlicher Entspannung abzulösen versuchten; die verstörenden Debatten nach der Ausstrahlung des Films »Holocaust« 1979 und die heftigen Auseinandersetzungen um die Vergangenheit zwischen Aufklärern und Nationalisten. In diesen 20, 30, ja 40 Jahren – bis weit in die achtziger Jahre – kam es zu einer durchgreifenden Demokratisierung in Teilen der Gesellschaft, während die Auseinandersetzung um das Erbe des Nationalsozialismus umkämpft blieb. Dies machte die Bedeutung der Rede Weizsäckers am 8. Mai 1985 aus, in der er die Katastrophe des Zweiten Weltkriegs mit der Entscheidung Deutschlands verband, Hitler zum Reichskanzler zu wählen.

Das Verhalten der Majorität zu den Minderheiten. Lackmustest der Demokratie

In diesem jahrzehntelangen Kampf um eine angemessen kritische Erinnerung an die Verbrechen des Nationalsozialismus ging es um etwas fundamental Demokratisches, um die Anerkennung der anderen in ihrer Vielfalt und um die positive Vision einer Gesellschaft, in der man ohne Angst verschieden sein darf.

Am Verhalten zu unseren Minderheiten erkennen wir, wie demokratisch wir sind. Deswegen gehen wir darauf besonders ein.

Der Kulturkampf um ein reflektierendes Selbstbewusstsein Nachkriegsdeutschlands währte lang und erscheint gar nicht zu Ende. Zwar trat der sekundäre Antisemitismus zurück, öffentlich ohnehin, aber das Potential an Vorurteilen und ihre emotionale Dynamik begann nun seit Anfang des letzten Jahrzehnts ein neues Objekt zu haben: den Migranten, den Muslim; eine Entwicklung, die eigentlich schon in den achtziger und neunziger Jahren begann, vor allem aber seit 9 / 11, wie schon die Heitmeyer-Studien aus den frühen ersten Jahren des letzten Jahrzehnts berichteten. Sie zeigten, wie sich vor allem die Islamfeindlichkeit Jahr für Jahr ausdehnte, auch im Jahr des Sommermärchens der Fußballweltmeisterschaft 2006 und nach der Weltfinanzkrise 2008 – gewiss auch aus Frustration über die Rolle der Banken und wie man mit ihnen umging. Schließlich mündete sie in den autoritären, verachtenden Thesen eines Bankers, der all das mitgemacht hat und gerade in Berlin über Jahre als Finanzsenator eine restriktive Politik gegenüber den Schwächeren, vor allem den Langzeitarbeitslosen, betrieb und propagierte. Es waren die Thesen Sarrazins 2009 und 2010, die den Ressentiments zum öffentlichen Durchbruch, zum Dammbruch verhalfen. Er ließ sich darüber aus, dass insbesondere die Türken, Araber und die Muslime aus kulturrassistischen Gründen unfähig und unproduktiv seien, und bot so den Sündenbock für Millionen an, in Altenburg genauso wie bei den Gebildeten in München oder Bremen. Ohne Sarrazin würde es Pegida und AfD so nicht geben. Dies bietet die Folie für die Einschätzung der Gefahren des Kampfes von rechts gegen Minderheiten – heute vor allem gegen Migranten und Muslime.

Angegriffen. Herausgefordert

Deutschland ist mehr als sonst herausgefordert, ob und in welcher Weise es eine *sozial sensible liberale politische Kultur* und eine entsprechende Politik des Respekts und der Solidarität will und sich der Herausforderung von rechts couragiert stellt: *Wie stark ist diese Demokratie? Was braucht sie, damit sie nicht ins Wanken gerät? Wie kommt es, dass sie so schnell und für viele unvermutet gefährdet erscheint? Braucht sie die Mobilisierung der Zivilgesellschaft zur Verteidigung von Demokratie, gegenseitiger Achtung und gesellschaftlicher Solidarität? Geraten wir in einen autoritären Sog, wenn wir nicht gegensteuern?*

Wir brauchen offenkundig eine Auflehnung gegen die durch die Ritzen dringenden Schwaden der Verunglimpfung, der Abwertung und des Ressentiments, von Wut, Gewalt und Hass nicht mehr nur an den Rändern: den Anstand der Zuständigen und den Aufstand der Zivilgesellschaft für ein ziviles Land, das nicht mit der Angst Politik macht, sondern sich der Herausforderung stellt.

1

Die neuentstandene Demokratie

Das Beschweigen der Vergangenheit in der Adenauer-Ära[1]

In der Debatte zur »doppelten Vergangenheit« von Nationalsozialismus und DDR hatte Jürgen Habermas darauf hingewiesen, dass die Last der NS-Vergangenheit durch das Erbe einer kurzen stalinistischen und längeren autoritären poststalinistischen Phase in der DDR überlagert scheint. Zwar könne die Aufeinanderfolge von zwei Diktaturen den Blick auf die strukturelle Enteignung von Bürgern richten, die ihrer sozialen und rechtlichen Autonomie beraubt worden sind. Dies dürfe aber nicht zur Überblendung der Erinnerung an das Spezifische der ersten Vergangenheit führen: das heißt des staatlich angekündigten und betriebenen Massenmordes an einem rassistisch definierten inneren »Feind«. Erst dieses ungeheuerliche Faktum bringt den normativen Kern des demokratischen Rechtsstaates der Bundesrepublik zu Bewusstsein: nämlich die gegenseitige Anerkennung der Menschen, die sich nicht auf Angehörige eines rassistisch-homogen konstruierten »Volkes« beschränken. Der Umgang mit jener Vergangenheit war ein entscheidender Indikator dafür, ob und in welcher Weise zuvor antidemokratische Einstellungen neutralisiert und in demokratische verändert worden sind. Grundgesetz und Gründung der Bundesrepublik hat Habermas in einer viel zu wenig diskutierten Enquetekommission zur Aufarbeitung der DDR-Verbrechen als Ausdruck *der Umkehr aus der politischen Kultur des Nationalsozialismus* beschrieben. Viel unmittelbarer und weitreichender als anderswo ist die Entwicklung der Demokratie und ihrer Institutionen in West-Deutschland (und Österreich) immer auch abhängig von der Auseinandersetzung mit einer Geschichte, von der sich die Republik absetzte. Die Auseinandersetzung von Gesellschaft und Politik mit Rechtsextremismus und Antisemitismus ist in diesem Sinn auch ein Index für den Grad der Etablierung der demokratischen Institutionen und der demokratischen Kultur selbst.

Dies ist erst recht so, wenn es, wie es die *politische Kulturforschung* beschreibt, in der Demokratie um mehr geht als um formale Arrangements der Anpassung an ein Set demokratischer Regeln und Verfahren, wenn der demokratische Konsens symmetrischer Anerkennungsverhältnisse nicht nur den demokratischen Rechtsstaat konstituiert, sondern auch gesellschaftlich, kommunikativ und kulturell als solcher angeeignet werden muss. Dann *ist* es von zentraler Bedeutung, ob und in welcher Weise die Auseinandersetzung um die NS-Vergangenheit im Sinne einer Aufarbeitung oder im Sinne einer Abkehr und Abwehr einer solchen Aufarbeitung verlaufen ist. Die zentrale These, die sich hierbei empirisch und normativ folgern lässt: Die Demokratisierung der deutschen Gesellschaft und die Überwindung des politisch-kulturellen Erbes von Autoritarismus und Antisemitismus ist mindestens abhängig, mit Habermas formuliert, von konstitutionellen Voraussetzungen, die politisch und sozial abgesichert werden müssen, als auch von demokratischen Verarbeitungen in der politisch-öffentlichen Kommunikation durch die Auseinandersetzung mit der Geschichte, den kollektiven Verbrechen und den sie tragenden kulturellen Ressentiments. Dagegen plädierte der Publizist Hermann Lübbe 1983 in seiner Rückschau entschieden gegen die »destabilisierende Dauerreflexion von Vergangenheit« und verteidigte ein die Nachkriegsgesellschaft in die Bürgergesellschaft verwandelndes *»kommunikatives Beschweigen«*. Nichts sei vergessen gewesen, aber einiges ausgeheilt. Er wandte sich damit gegen die Forderung nach der

»Aufarbeitung der Vergangenheit«, wie sie zwei Jahrzehnte zuvor von Theodor W. Adorno und nach ihm von Alexander Mitscherlich als eine schwierige, aber notwendige Bedingung für eine gelingende Demokratisierung der deutschen Gesellschaft angesehen worden war. Aufarbeitung aber schließt die Konfrontation mit historischer Realität, die individuelle und öffentliche emotionale Erinnerung an das zuvor vom Nationalsozialismus sozial Verdrängte, an die zerstörten oder gedemütigten Opfer ein, das heißt aber die Einfühlung in sie. Gesine Schwan hat aus demokratietheoretischer Sicht darauf hingewiesen, dass solche Achtung und Wahrnehmung der anderen wesentlich zu dem gehört, was anerkannterweise zum Kernbestand westlichen Demokratieverständnisses in der Tradition der Französischen Revolution gehört: die universale Würde aller Menschen, Toleranz und Empathie (vgl. Schwan, Gesine: Politik und Schuld. Frankfurt am Main 1997).

Anders als in Demokratien mit einer zum Teil jahrhundertelangen freiheitlich rechtsstaatlichen Tradition ist ein solcher Rechtsstaat nach dem Sturz des nationalsozialistischen Regimes, nach einem auf Vernichtung der europäischen Juden gerichteten rassistischen Angriffskrieg, Ende der vierziger Jahre in Westdeutschland neu gegründet worden. Im Grundgesetz – und insbesondere den Grundrechten innerhalb des Grundgesetzes – fand dies seinen verfassungspolitischen Niederschlag. Das *Grundgesetz* enthält Grundrechte, die anders als in der Weimarer Republik unmittelbar geltendes Recht sind und in ihrem Wesensgehalt nicht verändert werden können, also absoluten Bestandsschutz haben.

Die Erneuerung der politischen Kultur

Mit dem Eichmannprozess 1961/62 in Jerusalem – Eichmanns Auslieferung nach Deutschland war unerwünscht – und dem Auschwitzprozess 1963 bis 1965 in Frankfurt am Main hatte das Drama einer anhaltenden Auseinandersetzung in der Bundesrepublik Deutschland begonnen. Die Prozesse hatten die politische Kultur der traumatischen fünfziger Jahre beendet und den Beginn der intellektuellen und politisch-kulturellen Neugründung der Bundesrepublik markiert.

Symbolisch gesehen hat erst die Eröffnung des Mahnmals zur Erinnerung an die Ermordung von sechs Millionen Juden in Sichtweite des Brandenburger Tors in der Hauptstadt Berlin im Jahr 2005 einen viereinhalb Jahrzehnte lang währenden Kulturkampf aufgehoben. Nach breiten zivilgesellschaftlichen Debatten wurde gleichsam staatsoffiziell eine Umkehr – selten in der Geschichte der Staaten – auch kulturell anerkannt, die der Nachfolgestaat des nationalsozialistischen Staats mit der Einrichtung des Grundgesetzes begonnen hatte. Mit dieser Entscheidung des Jahres 2005 erfolgte die politisch-kulturelle Antwort auf die Zäsur, die mit der Verhaftung Adolf Eichmanns weltweit und in der Bundesrepublik das eher lähmende Schweigen des ersten Jahrzehnts aufgebrochen hatte. Das war mehr als 70 Jahre nach der Machteroberung Hitlers 1933 und genau 60 Jahre nach dem Sieg über den Nationalsozialismus durch die Militärmacht der Alliierten. So selten dies in der Geschichte der Staaten ist, der lange Zeitraum bis zu dieser Zäsur hat auch mit dem Grad der Identifizierung beträchtlicher Teile der Bevölkerung mit Elementen der nationalsozialistischen politischen Religion zu tun, die angestoßen und aufgebrochen werden sollte. Dazu hatte es

Persönlichkeiten und ein gesellschaftliches und politisches Klima gebraucht, das einer Erinnerung und Kommunikation mit den Überlebenden um ihrer selbst willen Raum gibt, ohne diese Kommunikation politisch zu instrumentalisieren.

Jüdische Heimat Bundesrepublik (Micha Brumlik)

Hannah Arendts »Eichmann in Jerusalem«, Harry Mulischs »Strafsache 40/61«, die Berichte in den Medien während des Auschwitz-Prozesses sowie Heinar Kipphardts »Bruder Eichmann« noch Anfang der achtziger Jahre haben neben anderen Werken dazu ermutigt, in immer neuen Anstrengungen Folgerungen aus den Erkenntnissen über den Nationalsozialismus und seine schwarze Erziehung zu ziehen und für eine fundamentale Demokratisierung nicht nur der Institutionen, sondern auch der Gesellschaft einzutreten. Es war das erbitterte Ringen Fritz Bauers, der (Links-)Katholiken um Eugen Kogon, Walter Dirks oder Theo Risse, der Sozialdemokraten um Karl Georg Zinn und Willy Brandt, Adolf Arndt und Gustav Heinemann, liberaler Intellektueller, der Schriftsteller von Heinrich Böll bis Peter Weiss, der Journalistin und Überlebenden Inge Deutschkron oder Bernd Naumanns von der »Frankfurter Allgemeinen Zeitung«. Es waren, wie Micha Brumlik (Jüdische Heimat Bundesrepublik, in: michabrumlik.de, auch im Folgenden) schrieb, vielfach Juden – Emigranten, Sozialwissenschaftler und Linksintellektuelle –, die nach der Katastrophe glaubwürdig die Rehabilitierung deutscher geistiger Traditionen betrieben, zur intellektuellen Neugründung der Bundesrepublik beitrugen, aus den Erfahrungen der Weimarer Moderne sowie aus den Erfahrungen von Verfolgung und Ausgesetztsein ihr Werk prägten und so auch die geistige Formung der Bundesrepublik beeinflussten: Von der Lyrikerin Hilde Domin, dem Literaturkritiker Marcel Reich-Ranicki, den Schriftstellern Wolfgang Hildesheimer und Edgar Hilsenrath, den Theaterregisseuren Peter Zadek und George Tabori, den Philosophen Theodor W. Adorno, Max Horkheimer und Ernst Bloch bis zu den emigrierten Politologen, die wie Ernst Fraenkel, Richard Löwenthal und Franz Neumann sowie Ossip Flechtheim der jungen Bundesrepublik ein Selbstverständnis als verfasster pluralistischer und sozialer Demokratie gaben und sich nicht nur, aber häufig besonders in den sechziger Jahren einzumischen verstanden. Ihnen ist es zu verdanken, dass das Thema nicht in den dunklen Schatten der Geschichte zurückgetrieben wurde, sondern in einem schließlich Jahrzehnte währenden Kulturkampf als Herausforderung für eine kritisch-geschichtsbewusste, demokratischere Republik immer wieder aufloderte. Kein Repräsentant der offiziellen Bundesrepublik hat jedoch in den sechziger Jahren und auch danach sie und die vielen anderen emigrierten Juden aus Kultur, Politik, Wissenschaft und Handel ausdrücklich und im Namen des Nachfolgestaats des Dritten Reichs zur Remigration eingeladen. Viele sind deswegen nicht gekommen, unter ihnen die Größen der Psychoanalyse ebenso wie einige aus Sozial-, Geistes- und Naturwissenschaften.

Die sechziger Jahre und die Ära Willy Brandt[2]

»Mehr (soziale)
Demokratie wagen«
(Brandt)

So zentral diese Auseinandersetzung für die BRD und ihre demokratische politische Kultur war, sowenig ist sie darauf zu reduzieren. Sie bezog sich ebenfalls auf die soziale Struktur, die Art und Weise der Ausgestaltung der Demokratie in ihren sozialen und ökonomischen Konflikten: auf ihre soziokulturelle Modernisierung selbst. Diese Konflikte waren in der langen Zeit seit dem Ende der Adenauer-Ära – dem Machtwechsel 1969, den sozialen Bewegungen – von der 68er- bis zur grünen Bewegung in den achtziger Jahren und immer neuen Wellen der Auseinandersetzung um Pluralität und die internationale Rolle der BRD eigentlich bis zur überraschend erfolgten deutschen Einheit prägend.

Die sozialliberale Koalition seit 1969

Die die Vergangenheitsabwehr vornehmlich repräsentierenden politischen Kräfte waren zunächst – 1966 – in eine große Koalition mit der zuvor verteufelten Sozialdemokratie gezwungen worden, ehe sie ganz aus der Regierung verdrängt wurden. Mit dem Regierungsantritt des Sozialdemokraten und Emigranten Willy Brandt war die Verdrängung der Vergangenheit als Politik der fünfziger Jahre auch ausdrücklich dementiert worden. Konsequenterweise leitete Willy Brandt eine Entspannung gegenüber der Mentalität des autoritären – und vielfach antisemitischen – Antibolschewismus ein und förderte den Pragmatismus zwischen Ost und West als eine Bedingung zur Veränderung des kommunistischen Herrschaftssystems. Nach innen aber förderte er – trotz der Berufsverbote ein Glücksfall – mehr als alle Bundeskanzler vor ihm den Konflikt von Studenten und Jugendlichen, sich gegen den »Muff von 1000 Jahren« zu stellen und »Mehr Demokratie (zu) wagen«.

67/68 – eine »Nachgeschichte des Nationalsozialismus« (Norbert Frei)

Die Aktivitäten der Studentenbewegung repräsentierten in vielem eine Geisteshaltung des »Nie wieder«. Diese Geisteshaltung war vorbereitet durch die Debatten um Schuld und Verantwortung des Nationalsozialismus seit dem Ende der fünfziger Jahre, anlässlich des Eichmann-Prozesses in Jerusalem und des Auschwitz-Prozesses in Frankfurt (Vgl. Norbert Frei in der »Zeit« vom 1.2.2001). Ausgelöst und aktiviert aber wurde diese Debatte durch die Brutalität, mit der staatliche Gewalt gegen friedliche Demonstranten, die Freiheit und Gerechtigkeit wollten, vorging. Noch bis weit in die sechziger Jahre hinein war das Bild auch der Studenten von den Vereinigten Staaten positiv geprägt gewesen. Mit dem Präsidenten John F. Kennedy verband man eine demokratische Aufbruchsstimmung ebenso wie mit den Aktivitäten der amerikanischen Bürgerrechtsbewegung und den Rockstars der amerikanischen Westküste. Umso erschütterter war man darüber, dass im Namen der gleichen Nation ein brutaler Krieg gegen die vietnamesische Zivilbevölkerung sich Jahr um Jahr ausweitete und das Wort »Völkermord« hierfür nicht mehr als Übertreibung angesehen worden war. Damit öffnete sich der sicher geglaubte freiheitlich-demokratische Boden gleich beider Gesellschaften: der eigenen bundesrepublikanischen wie der amerikanischen. Bei genauerem Hinsehen ergab sich zudem, dass ein Polizeiführer namens Werner einer SS-Einheit im Osten angehört haben soll. Norbert Frei weist darauf hin, dass in jener Zeit Heinrich Lübke Bundespräsident wurde, obwohl er für KZ-Bauten verantwortlich gezeichnet haben soll und mit Kurt Georg Kiesinger jemand Bundeskanzler einer großen Koalition wurde, der Propagandafunktionär im Nationalsozialismus gewesen war.

Die demokratische Grundordnung wie das staatliche Gewaltmonopol erschienen aufgrund der Erfahrung von Gewalt und Brutalität in der Bundesrepublik Deutschland wie in den Vereinigten Staaten nicht mehr legitim. »Im Mai 1968 mußte man weder besonders radikal noch fanatisch sein, um die Furcht vor einem ›zweiten 1933‹ zu teilen; den moralisch Sensibleren genügten dafür die Erfahrungen in einer Gesellschaft mit ›unbewältigter Vergangenheit‹«, resümiert Norbert Frei, ein stets umsichtig, oft vorsichtig argumentierender Historiker der Nach-68er-Generation in seinem Beitrag in der »Zeit« vom 1. Februar 2001.

Sowenig die damalige Sicht aus heutiger Perspektive berechtigt sein mag, so weitreichend war die damalige Erschütterung. Sie war es umso mehr, als viele der damals Bewegten, als sich der gesellschaftliche Boden unter ihren Füßen öffnete, sich der Erfahrung stellen mussten, mit der sie mehr oder weniger bewusst aufgewachsen waren: der bleiernen Zeit der späten vierziger und fünfziger Jahre: jenem beredten Schweigen, das weniger kommunikativ war als das Resultat einer »strukturellen Gewalt« in familialen und nachbarlichen Autoritätsverhältnissen, in der Konflikte unterdrückt waren, die gesellschaftlich keinen Ort und Raum hatten (vgl. die Studien von Gabriele Rosenthal).

In der Tat: Studenten, die am 2. Juni 1967 gegen den Schah von Persien demonstrierten und die Erfahrung der Erschießung von Benno Ohnesorg machten, nannten danach die Polizisten »Faschisten«. Studenten, die gegen das militärische Engagement der Vereinigten Staaten in Vietnam protestierten, taten dies mit dem Slogan »USA / SA / SS«. Diese Parolen, die sich auf die Vorgeschichte des Nationalsozialismus bezogen, waren in ihrer Überspitzung falsch. Sie wurden deswegen auch von Vertretern der Studentenbewegung schon in den siebziger Jahren kritisiert. Und nicht zuletzt: Eine kleine Minderheit der Studentenbewegung *hat* sich dem menschenfeindlichen Terror der RAF zugeordnet, und andere haben sich auf autoritär-kommunistische Kleingruppen fixiert.

Was die damaligen Akteure der studentischen Aufbruchsbewegung freilich übersahen, so Frei, »waren die Wirkungen jener Skandalisierung (der NS-Vergangenheit), die sie selbst mit in Gang gebracht hatten. Schon deshalb muß die Geschichte von ›Achtundsechzig‹ in einem hohen Maße als Nachgeschichte des Nationalsozialismus verstanden werden – mindestens so sehr jedenfalls wie als *Vorgeschichte jener demokratischen Zivilgesellschaft*, die sich, der ›bleiernen Zeit‹ des Terrorismus zum Trotz, seit den sechziger Jahren herauszubilden begann.« Die Auskunftsverweigerung der NS-Funktionsgeneration in den fünfziger Jahren zusammen mit den überall anzutreffenden wiederhergestellten Personalkontinuitäten, die quälenden Verjährungsdebatten und die trotz der Prozesse in den sechziger Jahren durchgesetzte Amnestie gegenüber einem beträchtlichen Teil der Verbrechen des Mords an den europäischen Juden waren so für den gesellschaftlichen Klimawandel verantwortlich und gaben der 68er Revolte eine spezifische Prägung, wie die inzwischen angelaufene Forschung (so Norbert Frei) und auch einschlägige Einstellungsuntersuchungen erweisen.[3]

Wirkungen

Auch wenn sich die Effekte nicht kausal zuordnen lassen, ein Vergleich der Situation Ende der fünfziger Jahre mit der Ende der siebziger Jahre lohnt sich gleichwohl und zeigt, dass spätestens Mitte der siebziger Jahre die zentralen *demokratischen Werte* der Menschenwürde, der Achtung von Religionsfreiheit, Konflikten in der Gesellschaft und Opposition in einem weit höheren Maße von Mehrheiten der Bevölkerung anerkannt worden sind. Sie sind 20 Jahre danach unübersehbar. Sie liegen vor allem in der Veränderung, ja, Revolutionierung der Erziehung, in der kulturellen Anerkennung von Ungehorsam, Konflikt und Streit in der Demokratie, in einer großen Distanz zu jeder Art Kriegsfaszination und der Kritik an sozialem Unrecht in einem unkontrollierten Kapitalismus und in der Auseinandersetzung mit den *Wirkungen des Nationalsozialismus und dem Verbrechen des Holocaust selbst*, deren Anfänge auf die Intervention kleiner Gruppen Ende der fünfziger und Anfang der sechziger Jahre zurückgehen (vgl. Norbert Frei 2008, Ingrid Gilcher-Holtey 2008; vergleiche schon Oskar Negt 1995).

Veränderung der autoritären Erziehung und Kultur in Westdeutschland

Zwischen 1967 und 1976 sank der Anteil, der Gehorsam und Unterordnung in der Erziehung vertrat, von einem starken Viertel der westdeutschen Bevölkerung auf ein Zehntel, während der Anteil, der im Sinne des Antiautoritarismus *Unabhängigkeit und freien Willen als zentrale Ziele der Erziehung ansah, im gleichen Zeitraum von gut einem Drittel auf über die Hälfte der Bevölkerung wuchs.* Ihr Anteil war unter den Jüngeren noch höher (Almond / Verba 1980). Noch 1961 waren nur 25 Prozent dagegen, dass »Eltern ihrem Kind Schläge geben, wenn es mal sehr ungezogen ist«. Diese Zahl wächst im Laufe der siebziger Jahre, wenn auch langsam. Während 1967 noch 81 Prozent aller unter Dreißigjährigen eine Orientierung von Erziehung an Sekundärtugenden wie Sauberkeit und Sparsamkeit zustimmten, waren es 1972 nur noch 51 Prozent (vgl. Elisabeth Noelle-Neumann / Thomas Petersen, Zeitenwende. Der Wertewandel 30 Jahre später, in: Aus Politik und Zeitgeschichte B 29 / 2001, zitiert nach Baader 2008).

Bernard Buebs *Lob der Disziplin*, eine Aufforderung zu autoritärer Pädagogik, hat offenkundig nicht umsonst die 68er ins Fadenkreuz genommen. Nach den ersten Kinderkrankheiten in der Kinderladenbewegung hat es indes geradezu eine Revolutionierung in Erziehungsstil und -inhalt gegeben, die noch einmal in der Kritik am *Lob der Disziplin* in dem von Micha Brumlik herausgegebenen Gegenband *Missbrauch der Disziplin* zusammengefasst worden ist. Die Prügelstrafe ist inzwischen offiziell negativ sanktioniert, selbst der diskriminierende Paragraph 175 gegen Gleichgeschlechtliche ist aufgehoben. Millionen

Eltern lasen regelmäßig die von Soziologinnen (von Gisela Brandt und anderen) der Freien Universität Berlin in den frühen siebziger Jahren überarbeiteten nichtautoritären *Elternbriefe* des *Arbeitskreises Neue Erziehung*. Oskar Negts nichtautoritäres Schulprojekt *Glockseeschule* ist in der Folge der 68er-Bewegung entwickelt worden. Ebenso die Veränderung selbstherrlicher Hierarchien an Universitäten, aber auch, wenn auch vorsichtiger, in Betrieben und Verwaltungen.

Die Bewegung von 1968 war eine internationale Bewegung, die etwa zeitgleich in Deutschland, Frankreich, Italien und – schon eher – in den USA einsetzte. Diese internationalen Zusammenhänge hat insbesondere die Historikerin Gilcher-Holtey unterstrichen und den Fokus dabei auf die untereinander vernetzte Entstehung einer New Left in England und den USA, einer Neuen Linken in Deutschland und einer Nouvelle Gauche in Frankreich gelegt. Alle diese Initiativen sind zu Beginn der sechziger Jahre entstanden. Auch für andere Länder kann im Zusammenhang mit 1968 von einem Generationenkonflikt ausgegangen werden, der sich um die Frage nach alternativen Lebens- und Gesellschaftsformen gegenüber einem fortschreitenden Kapitalismus auf der einen Seite und einem real existierenden Sozialismus sowjetischer Spielart auf der anderen Seite drehte.

Schritte der Demokratisierung der politischen Kultur

Auch die Veränderung der *politischen Kultur* ist messbar. Das Gefühl, kompetent partizipieren zu können, lag in Deutschland noch Ende der fünfziger Jahre mit 38 Prozent eher niedrig – in den Vereinigten Staaten lag es zum gleichen Zeitpunkt mit

75 Prozent doppelt so hoch. Waren es 1959 über 60 Prozent, die von einem Gefühl der Apathie und der Ohnmacht geprägt waren, so schrumpfte diese Zahl in Deutschland bis Mitte der siebziger Jahre (1974) auf 40 Prozent. 1959 glaubte nur ein Drittel der Deutschen, dass sie in ihren politischen Diskussionen frei seien – auch dieser Anteil hat sich reduziert. Mit einer (veränderten) Frage sehen sich 1971 84 Prozent überzeugt, dass die Freiheit zur politischen Meinungsäußerung existiert (Almond / Verba). Insgesamt nahm das politische Interesse von geringen 29 Prozent im Jahr 1959 auf 49 Prozent im Jahr 1973 erheblich zu. Diese Wirkung wurde dadurch erhöht, dass anders als etwa in Frankreich ein Teil der Herausforderungen der Protestbewegung durch einflussreiche Repräsentanten etwa aus der SPD wie von Anfang an von dem 1969 zum Bundespräsidenten gewählten Gustav Heinemann und dann auch von Willy Brandt und später von Erhard Eppler, weniger dagegen von jemandem wie Helmut Schmidt in Rhetorik und Politik der sozialliberalen Ära aufgegriffen wurde, auch wenn es durch den Radikalenerlass zu einem schweren Rückschlag kam.

Zum ersten Mal in der deutschen Geschichte war eine Mehrheit von Studierenden seit den siebziger Jahren für Demokratie und soziale Sensibilisierung, für Solidarität und für eine universale Moral – und nicht mehr nationalkonservativ oder reaktionär. Nach innen hat 68 die De-facto-Feudalisierung fast alles entscheidender Ordinarien beendet. Je länger die Impulse der Studentenbewegung dauerten, desto mehr ging es auch um Auseinandersetzungen in den Niederungen des Alltags, um Konflikte *in* Gewerkschaften, Medien, Schulen oder in den Parteien. Aber ebenso um die Entwicklung neuer sozialer Bewegungen: der Frauenbewegung, der Ökologie- und der Friedensbewegung.

Mitte der siebziger Jahre zeigte sich, dass die Studentenbewegung, aber auch die sozialliberale Koalition ihre Wirkung nicht verfehlten. Was anstand, setzte sich allmählich durch: *Demokratie nicht nur als institutionelles Arrangement.* Die demokratischen Werte – die Bedeutung der Opposition oder die Pluralität von Meinungsäußerungen – wurden von Mehrheiten ebenso anerkannt wie antiautoritäre Werte einer neuen Erziehung.

Vietnam und die Kriege

Der Vietnamkrieg sei auch an der amerikanischen Heimatfront gescheitert, beklagen Neokonservative seit den frühen siebziger Jahren, während nüchternere Analytiker den Krieg für nicht mehr gewinnbar hielten und dies zum späten Ende des Vietnamkriegs geführt habe. Wie dem auch sei. Der weltweite Protest hat die Distanz gegenüber dem Vietnamkrieg in den Vereinigten Staaten verstärkt. Er hat die Öffentlichkeit mit geschaffen, ohne die man hätte einfach so weitermachen können – »dank« der öffentlichen Bilder napalmverbrannter vietnamesischer Kinder und der bitteren Rocksongs von Bob Dylan, Jimy Hendrix und der Rolling Stones. Der Protest hat die Doppelmoral und das paranoide Feinddenken aufgebrochen. Er hat die Friedens- und Entspannungspolitik Willy Brandts und die Ideen einer kooperativen Sicherheit heute inspiriert.

Internationalisierung der moralischen Empathie?

Carolin Emcke hat gefragt, ob nicht als Folgerung aus dem moralischen Unbehagen und der emotionalen Empörung über den Nationalsozialismus eine Internationalisierung der moralischen Empathie entwickelt wurde und sich die Frage aufgedrängt hat, wo man heute nicht erneut schweigen dürfe, sondern etwas unternehmen müsse. Und, so schien es vielen, schon damals: Da es geschehen ist, kann es wie immer verändert wieder geschehen. Diesmal waren die Bilder von Feuer und Mord massenmedial verbreitet: Das brennende Mädchen vor der Feuerwalze der Phosphorgranaten durch den Einsatz US-amerikanischer Bomber in Vietnam.

»Woher wissen diese Schweine,
vor wem ich gekniet habe.« (Willy Brandt)

Mit dem Regierungsantritt des Sozialdemokraten und Emigranten Willy Brandt im Herbst 1969 war die Verdrängung der Vergangenheit als Politik der fünfziger Jahre ausdrücklich dementiert worden.

Symbolisch ging er schon 1970 auf Konfrontation zur Politik der Verdrängung mit seinem Kniefall vor dem Denkmal des Warschauer Ghettos, d. h. mit einer Politik der ehrlichen Erinnerung an die NS-Verbrechen – und stieß damit auf den wütenden, aber hilflosen Protest der Nationalkonservativen und der »Bild«-Redaktion. Der von der jüngeren Generation begrüßte Kniefall Willy Brandts hatte ausgerechnet oder besser gerade in den Zeitungen von Axel Springer, der sich zugleich als israelfreundlich verstand, ein verheerendes Echo. Über 50 Prozent der Bundesdeutschen fanden die Geste übertrieben. »Bild«-Chefredakteur Peter Boenisch schrieb zum Kniefall Willy Brandts vor dem Ghettodenkmal in Warschau: *»Dieses katholische Volk weiß, dass man nur vor Gott kniet. Und da kommt ein vermutlich aus der*

Kirche ausgetretener Sozialist aus dem Westen und beugt die Kniee. Das rührt das Volk. Aber rührt es auch die Opfer des Stalinismus?« (»Bild am Sonntag« vom 13. Dezember 1970, sieben Tage nach dem Kniefall Willy Brandts vom 7. Dezember 1970). Erhard Eppler, ein damaliger Vertrauter Willy Brandts, erinnert sich im Gespräch, dass nach einer abendlichen Besprechung im Kanzlerbungalow Brandt ihm diesen Kommentar reichte – und dann nach einer Pause sagte: »*Woher wissen diese Schweine, vor wem ich gekniet habe?* (vgl. Alexander Behrens, Hg.): »Durfte Brandt knien?« Der Kniefall in Warschau und der deutsch-polnische Vertrag. Eine Dokumentation. Bonn 2010).

Ostverträge

Ähnlich polar erwies sich der Streit um die Ostverträge. Brandt wurde deswegen von autoritären Nationalkonservativen in Deutschland als Politiker des Appeasements gescholten. Das sozialliberale Bündnis von Willy Brandt und Walter Scheel trug zu einer neuen Phase der Auseinandersetzung mit dem Nationalsozialismus bei, die allerdings nicht ohne polarisierende Reaktionsbildungen in Teilen der CDU – nicht im liberalen Flügel der CDU um den späteren Regierenden Bürgermeister von Westberlin und Bundespräsidenten Richard von Weizsäcker – und am rechten Rand geblieben ist (»Brandt an die Wand«). Diese Entscheidungen und Prozesse liberalisierten zusammen mit sozialen Reformansätzen das politische Klima in der Bundesrepublik und stärkten die Demokratisierung der bundesrepublikanischen Gesellschaft, die ihrerseits freilich nicht ohne Brüche und Rückschläge geblieben ist, wie die politische Eskalation von Staat und Gesellschaft auf den menschenfeindlichen Terrorismus der

RAF zeigte. Dennoch verengten sich für einen längeren Zeitraum die Chancen autoritärer Formierungsversuche. Jedenfalls waren durch den Regierungswechsel und die gesellschaftliche Aufbruchsbewegung unter Studenten wie auf andere Weise in Gewerkschaften und mit der Entwicklung der neuen sozialen Bewegungen die Kräfte, die den autoritären Nationalismus entweder pflegten oder zuzudecken suchten, das erste Mal politisch und kulturell in einer anhaltenden Defensive.

Ausstrahlung des Films »Holocaust« 1979

Zu einem gesellschaftsweiten Durchbruch – einer mentalitätsgeschichtlichen Zäsur – in der Auseinandersetzung mit den Verbrechen des Nationalsozialismus kam es erst nach der Ausstrahlung des Films »Holocaust« im Januar 1979. In der Folge führte dies zu einer Reihe von Skandalen und Debatten – etwa den Skandal um die symbolische Ehrung von SS-Runen während des Bitburg-Besuchs des deutschen Bundeskanzlers mit dem amerikanischen Präsidenten – und der beeindruckenden Rede Richard von Weizsäckers drei Tage danach zum 8. Mai 1985, zum Historikerstreit sowie inkriminierten antisemitischen Äußerungen von Politikern und aus der Kultur. Die Konfrontation mit der NS-Vergangenheit ist sowohl in den sechziger Jahren trotz der Versuche mit dem Eichmann- und dem Auschwitz-Prozess und dem Kniefall Willy Brandts nur begrenzt gelungen; ebenso auch in den siebziger Jahren. Erst in den achtziger Jahren begann sie eigentlich – noch immer außerordentlich konfliktgeladen, ehe sich in den neunziger Jahren ein politischer Konsens abzuzeichnen begann – ein Prozess, der sich bis heute hinzieht –, dass es sich nicht lohnt, an der Verbrechensgeschichte des Nationalsozialismus unter Beteiligung so vieler allzu sehr zu zweifeln.

Die »geistig-moralische Wende«. Helmut Kohl

Als Helmut Kohl 1982 sein Amt als Bundeskanzler antrat, wollte er eine geistig-moralische Erneuerung der Nation. Vor allem wollte er in großen Gesten Deutschlands Selbstversöhnung mit seiner Geschichte. Drei Jahre zuvor, im Januar 1979, hatte die erwähnte Ausstrahlung des Films »Holocaust« dazu geführt, dass ganze Generationen sich ihm stellten, mit der Familie Weiß mitfieberten und -trauerten – oder in Abwehr erstarrten. Es war das erste Mal, dass Deutschland durch einen Film von dem Schicksal einer jüdischen Familie berührt wurde. Die breite Auseinandersetzung um die prekäre Geschichte des Nationalsozialismus begann erst da; Helmut Kohl war aber angetreten, diese wieder einzudämmen.

Im Januar 1983 hatte der konservative Publizist Hermann Lübbe auf einer großen Historikerkonferenz 50 Jahre nach der Machterringung Hitlers vehement dafür gestritten, dass Deutschland sich endlich als *normale* Nation fühlen sollte. Kohl bemühte sich, durch den Händedruck mit Mitterrand bei Verdun das Kapitel Erster Weltkrieg auch symbolisch zu schließen. Auch in Israel trat er souverän auf, was auf Kritik stieß und viele Überlebende verstörte.

Und mit Ronald Reagan hatte er vor, Gräber für deutsche und amerikanische Soldaten in Bitburg gemeinsam zu ehren. Als die Märzsonne 1985 den Schnee schmelzen ließ, wurde klar, dass für die deutschen Soldaten SS-Runen auf den Gräbern eingraviert waren und es ein Sturm der Entrüstung geben würde, falls diese symbolisch geehrt werden sollten. Es geschah dennoch, am 5. Mai 1985 und unter dem Protest der jüdischen Vertreter und Gemeinden. Drei Tage später hielt der damalige Bundespräsidenten Richard von Weizsäcker, im Kontrast dazu seine berühmt gewordene Rede, in der er dafür eintrat, das erfahrene Leid des Jahres 1945 eben nicht von der Entscheidung der Deutschen abzutrennen, Hitler an die Macht zu lassen. Aber das und anderes hat wiederum so provoziert, dass der konservative, nationalistische und später antisemitische Historiker Ernst Nolte in der »Frankfurter Allgemeinen Zeitung« erklärte, letztlich (!) sei Hitlers Krieg eine Reaktion auf die Verbrechen der Bolschewisten gewesen. Auch dies löste einen Sturm der Entrüstung und den berühmten Historikerstreit des Jahres 1986 aus, der bis 1989 währte und an dem sich zur Verteidigung einer angemessenen Erinnerung an die Verbrechen des Nationalsozialismus die Historiker Hans Mommsen, Heinrich-August Winkler oder der bekannte israelisch-amerikanische Historiker Saul Friedländer beteiligt hatten.

Dem Historikerstreit war eine persönliche Begegnung vorausgegangen, die ihn im Grunde vorwegnahm. An einem Abendessen im frühen Frühjahr 1986 hatten Saul Friedländer und Ernst Nolte teilgenommen. Während des Abendessens drang indes Ernst Nolte immer entschiedener auf Saul Friedländer ein und unterstellte, dass die Juden eine Mitschuld an dem Holocaust gehabt hätten. Als er immer stärker insistierte, verließ Friedländer noch während des Abendessens den Raum. Tage danach war er noch so erschüttert, dass er alsbald vorzeitig den Aufenthalt am Wissenschaftskolleg in Berlin beendete.

An vielen Orten entstanden Initiativen einer *Grabe-wo-*

du-stehst-Bewegung, die wissen wollten, was da an Verdrängung und Einsichten in den verbrecherischen Charakter des Nationalsozialismus verborgen war: Man grub buchstäblich die Reste der Zentrale des Vernichtungsapparats aus, ehe sehr viel später dort die Ausstellung *Topographie des Terrors* ihren Ort fand. Und ungefähr zur gleichen Zeit entstand die Initiative für ein Erinnerungsmal an den Holocaust in der Mitte der späteren Hauptstadt.

Will man den Verlauf der Auseinandersetzung mit dem Nationalsozialismus zusammenfassen, so erscheint zunächst die kurze Geschichte der politischen Säuberungen unmittelbar nach 1945 als Erzählung eines Erfolgs, der alsbald jedoch durch eine Art »Gnadenfieber« (Norbert Frei) in den fünfziger Jahren abgelöst worden ist und die es den Funktionseliten erleichtert hat, zentrale Positionen in Gesellschaft und Staat einzunehmen und eine angemessene bundesrepublikanische Auseinandersetzung weithin zu verhindern. Erst der nächsten Generation mit schmalen Anteilen der ersten Generation gelang eine wirksame Thematisierung, ohne jedoch die »Erfolge« des Beschweigens noch zeitnah korrigieren zu können. 1968 war hierbei ein entscheidendes Jahr der Niederlage angesichts des Vorhabens, nun endlich die schnell begnadigten Vertreter des Vernichtungsapparats vor ein Berliner Gericht zu ziehen. Die Kette an Skandalen und Eklats mit unvermeidlicher moralischer Aufladung hat zur Dichte der Debatten in den achtziger Jahren beigetragen – allerdings nicht zufällig erst, als die NS-Funktionselite abzutreten begann und sich öffentlichkeitswirksame Debatten auf die Kultur der Auseinandersetzung mit dem Nationalsozialismus richteten, nicht mehr wie noch in den fünfziger und frühen sechziger Jahren im Streit um Macht und Einfluss. Eine Debatte, die inzwischen nicht nur von Teilen der zweiten, sondern auch von der dritten Generation wesentlich mitgetragen wurde und die ebenfalls nicht ohne Bitterkeit blieb, nicht zuletzt dauerhaft für die Opfer des Nationalsozialismus. Dies zeigt, wie umkämpft die Erinnerung an Nationalsozialismus und Holocaust bleibt, wie notwendig sie zugleich ist, um die gewonnene neue demokratische Identität der Nachkriegsrepublik gegenüber ethozentrischem Nationalismus zu verteidigen.

2

Das Wunder von Leipzig und der zähe Kampf um Demokratie und Würde

Dieser Kampf um die Erinnerung wogte hin und her und wurde Ende der achtziger Jahre, so schien es vor allem jenen, die nicht zu viel an solcher Erinnerung haben wollten, mit der Machtfülle der Geschichte, die gewissermaßen sprach, entschieden: mit dem Mauerfall und der Wiedervereinigung der getrennten beiden deutschen Staaten am 3. Oktober 1990. Sie war ein historisches Wunder und war von niemandem vorhergesehen worden. Eigentlich begann dieses Wunder schon sehr viel früher, mit der Politik Gorbatschows, der die Block-Konfrontation beenden wollte und verstand, dass die Menschen mehr Freiheit und Transparenz, mehr Perestroika wollten und Deutschland letztlich die Einheit nicht vorenthalten werden sollte. Was er gewiss auch wollte, war tatsächlich ein Ende der Konfrontationen und die Perspektive auf eine gemeinsame Sicherheit in Europa und der Welt. Das war nicht wenig und stellte sich als utopisch heraus. Aber er glaubte an die Kraft einer friedlichen Vision; er schätzte darin Willy Brandt. Es gelang Reagan und Gorbatschow, zu Abrüstungsschritten zu kommen – wenige Jahre vorher in der Debatte um die Nachrüstung noch undenkbar. Ob der ökonomische und rüstungspolitische Druck des Doppelbeschlusses der NATO wenige Jahre zuvor für die Haltung der Sowjetunion die entscheidende Voraussetzung war oder nicht, kann hier getrost offenbleiben.

Die Konfrontation der Leipziger Bevölkerung – die »Wir sind das Volk« rief – mit den Streitkräften der DDR unter der

Direktion der sowjetischen hätte jederzeit auch durch Zufall in blutige Gewalt umschlagen können. Letztlich haben beide Seiten dies vermieden: das Wunder im Wunder von Leipzig vom 9. Oktober 1989. Trotz erheblicher Bedenken des französischen Präsidenten und der englischen Premierministerin kam es zu einem schnellen Vereinigungsprozess. Mit den ersten Erfahrungen des neuen, größeren, wiedervereinigten Deutschland nahm die Angst auch unter den Nachbarn ab. Und auch die Deutschen selbst schienen mit sich zufrieden. Sie waren beschäftigt mit der inneren Ausgestaltung der deutschen Einheit, mit den Problemen insbesondere der Transformation der ostdeutschen Ökonomie. Aber dies alles unter dem Schirm einer durchaus gegebenen Normalität.

Und noch einer blieb: Helmut Kohl, zuvor fast schon abgewählt und von einer neuen Regierung aus SPD und anderen ersetzt, feierte seine Wahlerfolge, zunächst in den letzten und ersten freien Wahlen in Ostdeutschland im März 1990 und dann in den Bundestagswahlen im Herbst 1990. Für eine ganze Generation, die sogenannte Generation Golf, gab es nichts anderes als Helmut Kohl und eine zufriedene Bundesrepublik, die sich dann um Ostdeutschland zum wiedervereinigten Deutschland erweiterte. Man schien mit sich zufrieden und brauchte politisch nicht allzu wach zu sein. Man war sich seiner selbst bewusst. Große Konflikte schien es nicht mehr zu geben. So blieb es einige Monate, für viele auch einige Jahre; doch dann gab es trotzdem Konflikte.

Währungsunion. Blühende Landschaften

Mit der Währungsunion am 1. Juli 1990 war jedenfalls irgendwie ein Fait accompli der Einheit von Kohl durchgepaukt worden. Für Ökonomen war sie unsinnig: Der Bundesbankchef trat in dem Moment zurück, in dem die Währungsunion durchgesetzt wurde. Denn sie bedeutete de facto eine mehr als 100-prozentige Aufwertung einer Ökonomie, die sehr viel schwächer war als die westdeutsche. Ja, es gab den Ruf: Wenn die D-Mark nicht kommt, kommen wir zu ihr – man war unter Druck. Ob die Währungsunion, verbunden mit der Perspektive blühender Landschaften die einzige Antwort war, bleibt eine andere Frage. Die Wut der vielen in Ostdeutschland richtete sich weniger gegen die CDU als gegen die Treuhand, die auch die scheitern ließ, die Chancen gehabt hätten (Laabs 2012). Es war nicht nur ein Gerücht, dass die westdeutschen Betriebe keine Konkurrenz wollten. So wurden viele Unternehmen, aber auch Qualifikationen entwertet. 69 Prozent hatten nach zwei Jahren nicht mehr die Arbeit, die sie vorher gehabt hatten. Viele unter ihnen waren orientierungslos – und entmachtet. Ostdeutsche hatten unter diesen Bedingungen kaum eine angemessene, faire und gerechte ökonomische und politische Chance. Helmut Schmidt – immerhin ein Ökonom – hat durch die neunziger Jahre hindurch von dieser Art blühender Landschaft als Täuschung oder Selbsttäuschung gesprochen und immer wieder erklärt, warum sich die Bürger Ostdeutschlands als Bürger zweiter Klasse verstanden. Für sie wurde es damit schwerer, sich offen mit der doppelten autoritären Erbschaft – dem Nationalsozialismus und den autoritären Strukturen in der DDR – auseinanderzusetzen.

Verbitterung I. Treuhand, die Wut der neunziger Jahre und danach

Als sich Anfang der neunziger Jahre die »Gewaltbewegung« – wie Bernd Wagner sagt – »ungeheuer ausdehnte«, hing dies mit einem gewaltigen und für viele zerstörerischen Umbruchprozess in ökonomischer, sozialer und kultureller Hinsicht zusammen. Wissenschaftliche Forschungen zeigen – ähnlich der Studie von Marie Jahoda über die *Arbeitslosen von Marienthal* aus den frühen dreißiger Jahren –, dass die sozialen und psychischen Erschütterungen vieler, teils ohnehin autoritärer Familien so gravierend waren, dass sie entgleisten und die nächste Generation vielfach orientierungslos war. Diese anomische Situation förderte ein erhebliches Potential an nach innen oder außen gerichteten Spannungen und Gewalt, die von einem wachsenden Angebot an Szenen und neonazistischen Kaderstrukturen, vor allem aus Westdeutschland, rassistisch gegen vermeintliche Feinde und Fremde aufgeladen wurde. Letztlich war es daher ein West-Ost-Produkt.

Nach 1990 explodierte die Gewalt gegen die, die man als Schuldige bezeichnete, die Flüchtlinge, die Vietnamesen, die Ausländer. Damals wurde erprobt, was es heißt, Jagd auf Sündenböcke zu machen. Ein Sündenbock muss vernichtet werden, damit das Opfer auch für einen selbst heilsam sei. Es gab Hetzjagden, den Mord an Amadeo Antonio und an bis zu 200 anderen sowie Zehntausende von Gewaltstraftaten. Es war die erste Massenbewegung von rechts unter Jugendlichen seit 1945. Eine verlorene Generation. Im Massenauflauf in Rostock-Lichtenhagen 1992 hatten sie ihre Erfolgsstunde: Der Brand im Vietnamesenhaus wurde von Tausenden begeistert gefeiert, die Vietnamesen, bisher in Ruhe gelassen, waren plötzlich der Sündenbock. Sie entkamen gerade noch, weil es ihnen gelang, mit Gewalt das Dach nach oben aufzustoßen, auf Nachbardächer zu laufen und dann in Wohnungen ersten Schutz zu finden. Ein beispielloses Versagen lokaler und regionaler Politiker, Institutionen und der Polizei und ein solcher Erfolg, dass seither die Parole unter Rechtsextremen und Neonazis grassierte: *ein zwei viele Rostock* – gewissermaßen die korrespondierende Parole zu *ein zwei viele Vietnam*. Man gab nach: Das Asylgesetz wurde verschärft. Die Gewaltwelle begann einigermaßen abzuebben, aber das Erfolgserlebnis der Rechten blieb und auch die rechtsextreme Gesinnung.

In den neunziger Jahren war – wenn auch am Rand – die Ausdehnung von Neonazis und rassistischer und antisemitischer gewaltbereiter Szenen insbesondere in den durch Geschichte und Einigung erschütterten ostdeutschen *Regionen doch von erheblicher kultureller Wirkung, allerdings alsbald auch in Westdeutschland*. Erst mit Verzögerung ist man zivilgesellschaftlich, öffentlich und schließlich auch politisch der Kette an antisemitischen und fremdenfeindlichen Gewalt- und Straftaten nach einem Jahrzehnt der Verharmlosung und Relativierung angemessener entgegengetreten.

Dies war umso schwieriger und zugleich notwendiger, als es keine mit der westdeutschen Entwicklung vergleichbare öffentliche Streitkultur und geradezu einen Kulturkampf in der DDR angesichts fehlender öffentlicher Diskurskulturen gegeben hatte. Der antifaschistische Gründungsmythos der DDR ruhte auf einem schnellen Wechsel der Identitäten, der ohne Debatten und dem Zwang zur Auseinandersetzung gesellschaftlich begrenzt wirksam wurde, gewiss allerdings für die, die sich mit dem Antifaschismus durch persönliche Auseinandersetzung identifiziert hatten, aber diese Prozesse hatten sich kaum gesellschaftsweit verankern können. Ostdeutsche sahen sich lange mehrheitlich als Bürger 2. Klasse.

Die tiefer angesetzten Auseinandersetzungen mit dieser miteinander verflochtenen autoritären Erbschaft fanden sich schon im Laufe der DDR-Geschichte in den verschiedenen Protestbewegungen – von einer eigenen 68er-Szene im Osten Berlins bis zum Protest der Schriftsteller nach der Ausbürgerung von Wolf Biermann und vor allem im Laufe der achtziger Jahre, von der Bürgerrechtlerin Ulrike Poppe bis zu Stefan Heym. Nach dem Ende der DDR dominierten vielfach in der Auseinandersetzung um die DDR in Politik, Verwaltung und Wissenschaft Westdeutsche. Eine kritische Reflexion dieser Geschichte der autoritären Erbschaft fand sich gelegentlich auch in der politischen Öffentlichkeit – so durch Persönlichkeiten wie Wolfgang Thierse, Christine Lieberknecht oder um Gregor Gysi – stärker bei kritischen Protestanten und nicht zuletzt in der Literatur: von den Texten des Dissidenten Jürgen Fuchs bis zu den ebenso eindrucksvollen selbstkritischen Reflektionen einer Christa Wolf.

Erst im letzten Jahrzehnt wurden zivilgesellschaftliche Strukturen stärker, setzten sich in den Kindergärten nicht autoritäre Erziehungsstrukturen durch, wandten sich Aktive erfolgreich Migranten zu. Das waren Voraussetzungen dafür, dass in den letzten Jahren selbst in aufgeheizten Orten und Regionen wie in Tröglitz, Oranienburg oder Jena, Meißen oder Bautzen Initiativen erfolgreich Migranten und Geflüchtete aufnahmen. Und Mehrheiten nicht nur Kriegsflüchtlingen helfen wollen, sondern sich als Patrioten einer auf Menschenwürde ausgerichteten Verfassung verstehen. Aber die in Ostdeutschland bis heute höheren Zahlen an rassistischer Gewalt zeigen, dass hier der Kampf um eine Demokratie der Menschenwürde erbitterter bleibt.

Die neuen Rechten

Es gab in der ersten Hälfte der neunziger Jahre rechtspopulistische Bemühungen, so von einer Sozialwissenschaftlergruppe um Eckhard Jesse, von dem rechtspopulistischen Blatt *Junge Freiheit* und von einigen deutschnationalen Vertretern aus etablierten Parteien, so jedenfalls seinerzeit von Martin Hohmann oder von Martin Walser und schließlich am Ende des Jahrzehnts von Joachim Fest mit seiner geschichtlich einseitigen Präsentation des später zu einem Film gemachten »Untergang«.

In dem Sammelband »Die selbstbewusste Nation« (Schwilk 1994) fanden sich die zusammen, die ihre Konsequenz gezogen und von einer selbstbewussten Nation sprachen, die gewissermaßen die Geschichte selbst geschrieben habe. Das ist nichts anderes, als wieder normal zu sein und nun nach 50 Jahren intensivster Auseinandersetzung mit dem Nationalsozialismus doch den Schlussstrich zu wollen. Mit der historisch beglaubigten Wiedervereinigung war es Zeit, normal zu sein. Es hatte sich schon Anfang Juli 1990 angekündigt, als man die Erfolge der Fußballmannschaft mit Schwarzrotgold feierte, das erste Mal und im Überschwang der Wiedervereinigung.

Demgegenüber zeigt jedoch die Entwicklung in der zweiten Hälfte des letzten Jahrzehnts, dass diese Versuche nicht mehr in der öffentlichen Debatte dominant wurden, wenn sie auch in privaten Räumen nach wie vor eine erhebliche Bedeutung haben. Es zeigten sich Erinnerungsdiskurse, die sich (nur) mit der Geschichte der ethnisch Deutschen auseinandersetzten, ohne damals eine kulturelle Hegemonie beanspruchen zu können.

Verbitterung II. Etablierte – Außenseiter. Türken in Deutschland

Die Minderheiten, nicht zuletzt die Türken in Deutschland, blieben Menschen zweiter Klasse, häufig nicht einmal Staatsbürger. Es gab diesen halb offenen, halb unterdrückten ethnischen Nationalismus, als die deutsche Fußballmannschaft 1990 Weltmeister wurde – und als die Einigung Deutschlands dazu führte, dass man deutsch-türkische Arbeiter nicht mehr so brauchte wie noch in den Jahrzehnten zuvor und man partout kein Einwanderungsland zu sein behauptete – die lange gepflegte Lebenslüge der Republik. Und diese Distanz wurde von der großen christlich-konservativen Partei mit ihrem ethnonationalistischen Flügel – Schönbohm, Koch (und Gauland) – gepflegt. Nevim Cil hat in ihrer Dissertation durch Intensivinterviews der ersten und zweiten Generation türkischer Zuwanderer gefragt, wie diese Mauerfall und Wiedervereinigung erlebt haben.

Die Nachkommen hatten sich in die Mehrheitsgesellschaft zu integrieren versucht – bewusst anders als die Elterngeneration. Aber die widersprüchliche Umbruchphase von Mauerfall, Wiedervereinigung und gewalttätigem Rechtsextremismus hat diese Wünsche erschüttert. Sie erfuhren diese Umbruchphase als Ausschlusserfahrung: »Ich habe nur noch die Felle davonschwimmen sehen.« Es war für sie ein gleich dreifacher Umbruch, ein sozialer, innenpolitischer und ein kultureller. Dies hat ihre wahrgenommene, zum Teil mit Scham besetzte Außenseitererfahrung verstärkt. Daraus ist das Motiv stärker geworden, sich der eigenen türkischen Minorität rückzuversichern, teils sogar durch ein besseres Verstehen der Elterngeneration.

Einige haben ihre religiöse oder auch familiäre Orientierung als Nischen erhalten und sahen sich so ein Stück weit von den Erschütterungen aus der Mehrheitsgesellschaft geschützt. Dies gilt auch für die vielen Bezüge zu Verwandten in der Türkei. Die später gewährte doppelte Staatsbürgerschaft hat dann die Zwänge, sich anzupassen, ohne es vielfach zu können, ein wenig ausgeglichen. Die psychologischen und soziologischen Einsichten entsprechender Studien zeigen: sie hätten von der Mehrheitsgesellschaft stärkere und entschiedenere Angebote an Integration und Anerkennung gebraucht; aber die Bundesrepublik begriff sich eine weitere Dekade nicht als Einwanderungsland. Für die erste *Pioniergeneration* kam hinzu: Sie waren *funktional für einen bestimmten Typ von Industriearbeit* angeworben worden: für schwere, oft schmutzige körperliche Arbeit in Teilen der Elektro- und Metallindustrie. Sie sind dazu oft nach entsprechenden Kriterien (gleichsam als moderne Sklaven) ausgewählt und in Deutschland in lagerähnlichen Behausungen konzentriert worden: als funktionierende lebende Maschinen – Gastarbeiter genannt –, aber ohne eine von der Mehrheitsgesellschaft gewollte Integrationsperspektive.

Zwischen den Interviewten lassen sich Unterschiede nach Alter, Art und Weise des »Pendelns« infolge der Entscheidungen der Eltern, Erziehungsstilen, Deutschlanderfahrungen sowie der Selbst- und Deutschlandbilder ausmachen. In jedem Fall versuchte ein Teil der Interviewten sich in besonderer Weise als Teil der etablierten Gesellschaft zu begreifen und sich anzupassen. Besonders prekär erscheint das Streben, so zu werden wie die Etablierten. Dieses Bestreben zur Integration ist offenkundig mit Scham und Unterlegenheitsgefühlen verknüpft. Die aus ungleichen Machtverhältnissen entstehenden Schamgefühle scheinen sich zu vergrößern, je größer das Bestreben, Etablierte zu werden, ausgebildet ist. Die Tendenz, sich als Nachkommen aktiv in die Mehrheitsgesellschaft zu integrieren, ermöglichte einen Neuzugang zur etablierten Welt, die sich erheblich von der der Elterngeneration unterschieden hat. Dieser Prozess, so prekär und in Anfängen er gewesen sein mag, ist durch die *Umbruchphase Mauerfall, Wiedervereinigung, gewalttätiger Rechtsextremismus* offenkundig in Enttäuschung umgeschlagen. Diejenigen, die sich ohnehin weniger in eine Integrationsperspektive begeben haben, haben ihre *religiöse oder auch ihre familiäre Orientierung* – gleichsam als Nischen – erhalten können und waren dadurch den Erschütterungen aus der Mehrheitsgesellschaft ein Stück weit weniger ausgesetzt. Das wirkt bis heute.

3

Umkämpfte Erinnerung auch im neuen Deutschland

»Schindlers Liste«

1993 kam »Schindlers Liste« von Steven Spielberg in die Kinos. Dieser Film schlug ein. Er hat eine doppelte Botschaft: Er beschrieb das Leid, die Verzweiflung und den Tod von Juden in Krakau unter der Fuchtel des furchtbaren Amon Göth – und die verrückten, verzweifelten Rettungsbemühungen eines Nationalsozialisten, des Unternehmers Schindler, der die Gunst der Stunde nutzen und aus der Besatzungslage in Krakau Geld machen wollte. Er entschied sich jedoch um und half über 1000 Jüdinnen und Juden, eine ungeheure Geschichte und eine ermutigende: Das war ein Nationalsozialist, der half, und die Überlebenden – so in der Spielberg'schen Anordnung – und ihre Kinder trafen sich glücklich vereint auf israelischem Boden. Was für eine tröstliche Geschichte nach all dem Untröstlichen, das man sich ansehen musste und vielfach nicht mehr wollte: der Geschichte der Familie Weiß wie der von Anne Frank.

Goldhagens »Hitlers willige Vollstrecker«

1996 hat Daniel Goldhagen »Hitlers willige Vollstrecker« veröffentlicht. Der Text lässt sich auch als Antwort auf zu viel Selbstvergewisserung in Deutschland lesen, wieder eine Nation zu sein. Goldhagens Schrift war nicht weniger als eine massive Generalanklage an die Deutschen und ihren auf Vernichtung ausgerichteten Antisemitismus. Er entfesselte Widerstand, gerade auch, aber nicht nur, bei deutschen Historikern. Die Debatte hatte sich polarisiert: die Deutschen oder die anderen, die Juden. Und die Deutschen sind schuld. So überschlug sich zeitweise die Debatte und verzichtete auf die nötige Differenzierung. Und zugleich blieben die Aktivitäten präsent, zu einer Erinnerung an den Orten des Geschehens zu kommen. Die »Grabe, wo du stehst«-Bewegung der achtziger Jahre wurde in den neunziger Jahren fortgeführt: in der Forderung nach angemessener Erinnerung an den ehemaligen KZ Stätten in Buchenwald, Bergen-Belsen oder in Sachsenhausen, am Ort der Entscheidung des Verbrechens, in Berlin, in der Forderung, ein Mahnmal zu errichten und auf dem Gelände in der Niederkirchnerstraße eine Dokumentationsstätte, eine Topographie des Terrors. Erst nach mehreren Jahren gaben sich diejenigen, die Widerstand leisteten, geschlagen, und selbst Helmut Kohl sah, dass angesichts der internationalen Bedeutung Deutschlands ein solches Mahnmal nötig sei. Es wurde gegen großen Widerstand in Teilen der CDU schließlich im Bundestag in Berlin im Jahr 1999/2000 endlich beschlossen und 2005 eröffnet. Ähnlich verlief es in der Frage der Dokumentationsstätte Topographie des Terrors.

1998 Walsers »Friedensrede« (nach Funke 2000)

»Wenn ich mich eine Zeitlang nicht gezwungen habe [hinzuschauen], merke ich, wie ich verwildere.«
(Martin Walser, Auschwitz und kein Ende (1979))

Wie umkämpft aber gerade in der Hitlerjugend-Generation die Erinnerung war, wie verletzend und mit Abwehr gespickt, zeigt ein Ereignis: die Rede des im Nachkriegsdeutschland meistgelesenen Schriftstellers Martin Walser bei der Verleihung des

Friedenspreises des Deutschen Buchhandels im Oktober 1998. Martin Walser hat den Konsens, wie mit der Erinnerung an den Nationalsozialismus umzugehen sei, der sich nach der Historikerdebatte Mitte der achtziger Jahre widerspruchsvoll entwickelt hatte, mit festem Blick auf die »Berliner Republik« gekündigt. Ermutigt konnte er sich hierbei gerade von der neuen Regierung Schröder fühlen, hatte der sozialdemokratische Bundeskanzler doch in seiner Regierungserklärung in Anknüpfung an neokonservative Selbstverständnisse das »Selbstbewußtsein einer erwachsen gewordenen Nation« proklamiert. Hinter der teils legitimen Kritik an öffentlicher Nutzanwendung von Auschwitz formulierte Walser in der Form generalisierender Verdächtigungen eine Abwehr, sich überhaupt weiter öffentlich mit den NS-Verbrechen zu beschäftigen und sprach sich folgerichtig vehement gegen ein Mahnmal zur Erinnerung an die Ermordung der europäischen Juden aus. Walser erhielt dafür von führenden Repräsentanten der neuen Republik ausdrücklich oder stillschweigend Zustimmung. Kritisiert wurde er von Sprechern der Holocaust-Überlebenden, also von denen, die nicht vergessen können, und die von heute lebenden, nichtjüdischen Deutschen erwarten, die Sicht der Opfer wahrzunehmen und die Erinnerung an den nationalsozialistischen Terror im kollektiven, »kulturellen Gedächtnis« (Aleida Assmann) zu bewahren und ihn dabei auch verbindlich öffentlich sichtbar zu erinnern (Peter Reichel). Die Reaktionen, die Walsers Rede auslöste, bezeugten hierbei eine neue Dimension von Versuchen, Auschwitz aus dem Gegenwartsbewusstsein und dem öffentlichen Raum auszusperren, in die private Sphäre eines schweigenden ›Gewissens‹ einzusperren und damit einen Schlussstrich unter die öffentliche Auseinandersetzung mit dem Holocaust zu ziehen.

Was Martin Walser indes wirklich umtreibt, ist, dass er »die Seite der Beschuldigten nicht verlassen« kann. Er sieht sich auf der Seite der Beschuldigten, obwohl er, wie er im Gespräch mit Rudolf Augstein sagt, »tätermäßig« schuldlos sei.[4] Es ist daher nicht Empfinden über reale Schuld oder historische Verantwortung, sondern ein diffuses, unverarbeitetes Schuldgefühl, das ihn von »unserer Schande« sprechen lässt. Wie von einem diffusen Über-Ich geplagt, habe er sich je neu auf das Thema »Auschwitz und kein Ende« (Walser) eingelassen. Nicht von seinen Schuldgefühlen entlassen, relativiert er zugleich die Taten, die in Auschwitz verübt worden sind – und zwar zur Rehabilitierung der deutschen Nation: »Ich habe [...] dagegen protestiert, daß man die KZ-Aufseher Boger und Kaduk, und wie sie alle geheißen haben, zu Bestien macht und zu Dante-Höllenfiguren, *weil es eben unsere Leute sind.*«[5] Walser sieht sich »hineinverwirkt in diesen Dreck«, obwohl er nicht wisse, warum. Das Hineinverwirktsein – jenseits individueller Schuld oder Verantwortung – nennt Walser »Gewissen«. Was das genau heißen soll, bleibt unklar. Wie hat Walser die NS-Zeit verarbeitet, wie etwa die Identifizierung seiner Mutter mit der NSDAP? Wie immer es sich im Einzelnen verhält – und trotz seiner Beschwörung von Selbsterkundung erfahren wir *darüber* wenig –, es scheint ein Druck in ihm selbst zu sein, der ihn umtreibt und den nicht realistischen Wunsch befeuert, »es« endlich hinter sich zu haben und sagen zu können: »Das habe ich verarbeitet. Ich habe damit nichts mehr zu tun.« »Und ich merke nachträglich, nachdem alles zu spät ist, daß ich nicht herauskomme.« Wir sind durch diese Sätze und durch viele andere in den letzten 30 Jahren des Walser'schen Schaffens einbezogen in die verwirrende Verstrickung diffuser Schuldgefühle, die ihn dazu treiben, immer erneut öffentlich über das Thema der NS-Vergangenheit zu sprechen. Diese Schuldgefühle der Gewissensinstanz erscheinen im Redetext, in der Terminologie der ›Studie zum autoritären Charakter‹, nicht in das moralisch-ethische, denkende Subjekt integriert, sondern wirken äußerlich, *externalisiert*. Sie zeitigen keine Konsequenz für das moralische Individuum: keine Empathie mit den Opfern, keine Sensibilisierung gegenüber der NS-Vergangenheit, keine kritische Erkenntnis, sondern nur den Wunsch, die Erinnerung möge vergehen, Deutschland ›normal‹ sein und niemand mehr eine »Moralkeule« schwingen.

Die Auschwitz-Überlebende Ruth Klüger hat früh und klar die Walser'sche Engführung von Wahrnehmung beobachtet und auf die unterschiedlichen, ja gegensätzlichen »Erinnerungen«, die Abgründe zwischen dem freiwilligen Kriegsteilnehmer und der Überlebenden zurückgeführt und seine wohlwollende Überlegenheit mehr als »repressive Toleranz« charakterisiert – die sich schließlich weniger tolerant in seiner Sonntagsrede anlässlich der Verleihung des Friedenspreises des Deutschen Buchhandels manifestierte. Rudolf Augstein schließlich, durch seinen »Freund Martin Walser« stimuliert, ließ nun ebenfalls seinen Ressentiments im »Spiegel« freien Lauf, wohl im Zuge derjenigen »Gewissensfreiheit«, die Walser meint: Augstein benennt als ›Drahtzieher‹ der »Instrumentalisierung« die »New Yorker Anwälte«, die »New Yorker Presse«, »Haifische im Anwaltsgewand«, eine »Stimmungsmache, der schon Konrad Adenauer Anfang der fünfziger Jahre mit den Worten Ausdruck gegeben hatte: ›Das Judentum ist eine jroße Macht‹«[6] – und greift schließlich die klassische antisemitische Metapher von der Rache bis ins siebte Glied auf. – Deutlich wird hier überdies, was Bubis schon bei Walser vermutet hatte: dass es bei dessen Angriff gegen die

›Instrumentalisierung‹ nicht nur um die Verhinderung des Mahnmals, die Abwehr der »Monumentalisierung der Schande« (Walser, als sei es nicht das Verbrechen, das monströs ist), sondern auch um die Verhinderung u. a. jüdischer Ansprüche ginge; um die damalige Entschädigungsdebatte in Bezug auf Zwangsarbeiter, eine Debatte, die Bundeskanzler Schröder im Jahr 2000 »endgültig abgeschlossen« sehen wollte – und zwar im Interesse und zum »Schutz« der deutschen Industrie – trotz der gegenläufigen Interventionen etwa von Bundespräsident Johannes Rau und Wolfgang Thierse zugunsten der ehemaligen Zwangsarbeiter: Die Walser-Debatte repräsentierte den unwürdigen Umgang mit den Opfern des Nationalsozialismus vonseiten führender Kräfte in Politik und Wirtschaft.

Ignatz Bubis' Tragik[7]

»Bubis und Walser haben miteinander gesprochen«, titelt die »Frankfurter Allgemeine Zeitung« vom 14. Dezember 1998. »Das Ende eines Mißverständnisses«, heißt es im »Tagesspiegel« am Tag darauf. Beim von der »Frankfurter Allgemeinen Zeitung« unter Leitung von seinerzeit Walser-Bewunderer Frank Schirrmacher Mitte Dezember 1998 organisierten Gespräch zwischen Martin Walser und Ignatz Bubis unter Teilnahme von Salomon Korn, Vizepräsident des Zentralrats der Juden in Deutschland, hat sich weniger ein Dialog entfaltet als vielmehr eine sich auch während des Gesprächs steigernde Empörung Martin Walsers gegenüber Ignatz Bubis – als jüdischer »Instanz«. Im Gespräch bestreitet Walser Bubis das Recht, in Rostock-Lichtenhagen die Angriffe eines Mobs auf Ausländer zu kritisieren – und zwar weil Bubis Jude ist und dies an »1933« erinnere. Ebenso unterstellt Walser Bubis, dieser wolle seinen persönlichen »Seelenfrieden« stören – wiederum als Jude.

Mit einem Gespräch, das Positionen austauscht und abgleicht, hatte das vorgebliche ›Versöhnungsgespräch‹ nichts zu tun. Walser sieht den Menschen Ignatz Bubis in dem Gespräch so sehr als »Funktionär« der Erinnerung, als Störenfried, als »Instanz«, dass er ihn nicht einmal als Überlebenden der Shoah wahrzunehmen vermag, der fast seine gesamte Familie durch den Holocaust verloren hat. Walser reagiert auf diese Seite von Bubis' Leben in doppelter Hinsicht dreist: »Da muß ich Ihnen sagen, ich war in diesem Feld beschäftigt, da waren Sie noch mit ganz anderen Dingen beschäftigt. Sie haben sich diesen Problemen später zugewendet; Sie haben sich diesen Problemen später zugewendet als ich.«[8] Eine schamlose wie unanständige Reaktion. Obwohl Bubis erklärend hinzugefügt hatte, fast demütig, fast beschwörend: »Ich hätte nicht leben können. Ich hätte nicht weiterleben können, wenn ich mich damit früher beschäftigt hätte«, ruft Walser ihm nach, dass er hingegen ebendies getan habe, sich früh »damit« zu befassen. Nichts zeigt unvermittelter, dass Walser sich vor allem mit sich selbst beschäftigt und einen Wahrnehmungsapparat für die Opfer des Nationalsozialismus nicht entfaltet hat. Walsers Erinnerung ist eine, die nichts mit den Opfern der Täter zu tun hat – und sich selbst positiv auf die Täter, die nur noch als »Beschuldigte«, als ›Angeklagte‹ und nicht etwa als *Schuldige* erscheinen, fixiert. Dies, obwohl Walser von sich sagt, dass er selbst »tätermäßig« schuldlos gewesen sei. Walser ist so mit sich selbst beschäftigt, so in seine diffusen Schuldgefühle verstrickt, dass ihm das Schicksal dieses anderen, ihm Gegenübersitzenden fern und fremd ist und dieser nur als

»Störenfried« seiner nach außen delegierten Gewissens- und Erinnerungsinstanz fungiert.

Walser hat unfreiwillig im Gespräch mit Ignatz Bubis den Kern des deutschen Nachkriegsantisemitismus aus Erinnerungsabwehr zum Ausdruck gebracht: ›Der Jude ist mein Unglück‹, weil er für eine Erinnerung steht, die abgewehrt wird, weil sie die Deutschen als Nation diskreditiert. Walser sieht in Bubis nichts als den Funktionär der Erinnerung. »Als was waren Sie dort?«, fragt Walser Bubis rhetorisch nach dessen Aufenthalt in Rostock-Lichtenhagen. Walser gibt – Ausdruck verächtlicher Arroganz und schamloser Leugnung des ersten Nachkriegspogroms in Deutschland – selbst die Antwort: »Denn ich sah Ihr empörtes, ergriffenes Gesicht im Fernsehen, begleitet vom Schein der brennenden Häuser, das war sehr heroisch.« Walser wartet keine Antwort ab, sondern weist, gleich einem Tobenden, Bubis die Rolle der jüdischen Erinnerungsinstanz zu, um ihn in dieser Rolle abzuwehren und zu diffamieren: »Verstehen Sie, wenn Sie auftauchen, dann ist das sofort zurückgebunden an 1933.« So lässt er den konkreten Menschen verschwinden und ersetzt ihn mit dem Repräsentanten einer Erinnerung, die er nicht will. Konsequent leugnet er beides: das Phänomen des Rechtsextremismus – und die Notwendigkeit der Erinnerung an den Nationalsozialismus.

Wie in den achtziger Jahren waren auch in den neunziger Jahren immer noch Mehrheiten für einen *Schlussstrich* unter die deutsche Vergangenheit zwischen 1933 und 1945. Nach Statistiken waren es im Mai 1994 53 Prozent und noch zehn Jahre später im März 2005 52 Prozent, ehe offenkundig mit den nächsten Generationen dieser Anteil bis auf 40 Prozent im Januar 2012 sank, ehe er 2015 auf 42 Prozent wieder anstieg, in anderen Umfragen sogar auf erneute 58 Prozent (Bertelsmann-Studie, zitiert nach »Huffington Post« vom 26. Januar 2015).

Die Entscheidung für das Holocaust-Mahnmal

Erst in den späten neunziger Jahren – nach den Debatten um die Verbrechen der Wehrmacht (Wehrmachtsausstellungen 1991, 1996 und 2001), der antisemitisch getönten Wutrede Martin Walsers gegen zu viel Erinnerung 1998 und (noch einmal antisemitisch) gegen den Repräsentanten der Juden in Deutschland, Ignatz Bubis – wurden mit dem Abtreten auch der Hitlerjugendgeneration Abwehr und Beschweigen schwächer. Die Entscheidung für das Holocaust-Mahnmal fiel nach einem Jahrzehnt zivilgesellschaftlicher Bemühungen fast 40 Jahre nach dem Prozess gegen Eichmann. Sie wurde 1999 vom Deutschen Bundestag nach langer Debatte getroffen. Mit ihr wird deutlich, dass das Bekenntnis zur Einzigartigkeit dieses Verbrechens und zur historischen Verantwortung zum Kern des staatlichen Selbstverständnisses Deutschlands gehört (aus Informationen der Stiftung Holocaustmahnmal). Die Auseinandersetzung »damit« war in der BRD schlicht nicht mehr stillstellbar.

Im Lauf des letzten Jahrzehnts (2000 bis 2010) hat sich in Deutschland parallel zur Entscheidung für das Holocaust-Mahnmal in Fragen der Erinnerungs- und Geschichtspolitik selbst einiges verändert. Der antisemitisch getönte Verriss des Kritikers Marcel Reich-Ranicki durch Martin Walser im »Tod des Kritikers« (2000) ist von keinem anderen als jenem als Antisemitismus angegriffen worden, der noch 1998 die Laudatio auf Martin Walser gehalten und ein Gespräch in den Räumen der »Frankfurter Allgemeinen Zeitung« moderiert hat, von Frank Schirrmacher. Diese Zeit war trotz der Bemühungen um einen Aufstand der Anständigen und trotz der schließlichen Einweihung des Holocaust-Mahnmals geprägt von verbreiteten antisemitischen und fremdenfeindlichen Einstellungen und Gewalttaten – und von einer spürbaren Zurückhaltung der Sicherheitsinstitutionen, deren Ausmaße wir erst später erfahren haben. Im März 2005 zieht auch Paul Spiegel – sechs Jahre nachdem er von Ignatz Bubis das Amt des Präsidenten des Zentralrats übernommen hatte und ein Jahr vor seinem frühen Tod mit 68 Jahren – eine skeptische Bilanz seines Wirkens: Er sieht die Hemmschwelle gegenüber antisemitischen Vorurteilen sinken, beklagt sich darüber, dass man die Einreise jüdischer Kontingentflüchtlinge einschränken wolle, und ist bitter über die Äußerung des Bischofs von Köln, der Abtreibung und Holocaust gleichsetzt. Er spürte die aggressive Stimmung und beklagte sich – wie zuvor Ignatz Bubis in seiner Bilanz ein halbes Jahrzehnt zuvor. Der »Spiegel« schrieb 2006 in seinem Nachruf auf Paul Spiegel: »Nie wollte er eine ›moralische Instanz‹ sein, aber er war sie doch auf seine so typische, liebenswerte, uneitle Art. Der Präsident des Zentralrats der Juden in Deutschland, so heißt das schwere Amt, das er seit Anfang 2000 im Land der Holocaust-Täter innehatte, mischte sich unaufgeregt, doch wortstark ein, wenn ihm die Lage ›unerträglich‹ schien – als etwa der FDP-Grande Jürgen Möllemann Wählerstimmen heischend Israel attackierte oder der Kölner Erzbischof Joachim Meisner Abtreibungen mit den Verbrechen Hitlers oder Stalins verglich. Und er mahnte beständig vor jeder Form von Fremdenfeindlichkeit und einem Antisemitismus, der auch längst bei ›Intellektuellen, in akademischen Kreisen‹ zu finden sei, nicht nur ›bei einfach gestrickten Menschen, die ihre Vorurteile am Stammtisch pflegen‹.«

Im Jahr 2002 erfolgte die Debatte um die als antisemitisch gedeuteten Auslassungen Jürgen Möllemanns, der mit dem rechtspopulistischen Blick auf die Erfolge Jörg Haiders sich im Vorfeld des Bundestagswahlkampfes als Tabubrecher begriff und erst nach heftigen Protesten prominenter politischer Liberaler in der eigenen Partei und dann in der Öffentlichkeit aus der FDP ausgeschlossen worden ist. Hildegard Hamm-Brücher, die Grande Dame der Liberalen, verließ wegen Möllemann die Partei.

Im Jahr 2003 war es die Rede von Martin Hohmann zum deutschen Nationalfeiertag, nun aus der CDU, die einen umfassenden Entlastungsversuch von deutscher Geschichte ausdrückt und sich dabei der nationalsozialistischen Parole vom »jüdischen Bolschewismus« bedient hat. Auch Martin Hohmann wurde erst nach massiven Protesten aus der CDU-Bundestagsfraktion ausgeschlossen, obwohl er schon des Öfteren mit einem ähnlichen Duktus nationaler Entlastung auf sich aufmerksam gemacht hatte.

Solche Kontroversen haben in unterschiedlicher Akzentuierung die Debatten um die nationalsozialistische Geschichte die Bundesrepublik schon seit den siebziger und achziger Jahren begleitet. Neu scheint lediglich, dass sie in schnelleren Abständen aufkommen. Immer noch scheint der liberale Eliten-Konsens zu funktionieren, der die Versuche solchen Tabubruchs mit guten Gründen zurückweist. Gleichwohl: Die Bereitschaft zu solchen Äußerungen kommt nicht von ungefähr – Autoren wie Walser, Möllemann oder Hohmann bedienen Teile der deutschen Bevölkerung, und sie wollen ihre Motive nach einem Schlussstrich oder danach, die eigenen Erfahrungen als Opfer, sei es als Vertriebene, in den Luftschutzkellern oder des nationalsozialistischen Systems selbst mehr zur Geltung gebracht sehen. Sie sehen sich als die unterschlagene Seite der Nachkriegsgeschichte. Auch wenn diese Geschichte stets in den Familienromanen und erst recht in den ersten zwanzig Jahren der Bundesrepublik Deutschland im Zentrum stand. Erst in den sechziger Jahren war mit dem Auschwitzprozess und den Debatten der Achtundsechziger sowie dem Kniefall Willy Brandts vor dem Mahnmal des Warschauer Ghettos die zuvor zurückgedrängte Geschichte der anderen, des Holocaust, angesprochen worden, und es hatte vermehrt Ansätze öffentlich bekundeter Empathie und Trauer für die Opfer des nationalsozialistischen Deutschland gegeben.

Aber diese Begründung war in den Sechzigern, wie auch noch in den Siebzigern stets vom Ressentiment jener begleitet, die diese Geschichte nicht wahrzunehmen bereit waren und die daher in einer Art aggressiver Entlastung aufzurechnen, zu relativieren oder sogar das Ausmaß der Verbrechen des nationalsozialistischen Deutschland zu leugnen versucht hatten. Oder die – weniger schrill – gleichsam subtiler vom eigenen Leiden sprachen, wie Helmut Kohl anlässlich des Besuchs des amerikanischen Präsidenten in Bitburg, oder wie Lothar Rühle vom Ende der Schonfrist für Juden sprachen, um für das Theaterstück von Fassbinder »Die Stadt, der Müll und der Tod« zu werben, oder wie immer wieder Martin Walser.

Neu an den öffentlichen Debatten innerhalb der letzten Jahre war allerdings der Umstand, dass entsprechende Initiativen erfolgreicher in die Mitte der Gesellschaft zielten: Mit der *Initiative zu einem Zentrum gegen Vertreibungen* richteten sich die Vertriebenenverbände und mit ihr Erika Steinbach auf die Konzentration der Trauer ethnischer Deutscher, wie dies der Bund der Vertriebenen seit mehr als fünfzig Jahren tat und woran auch ihr Bündnis mit dem Sozialdemokraten Peter Glotz nichts geändert hatte. Auch die drastischen, mit Holocaust-Assoziationen ausgestatteten Beschreibungen der in der Tat entsetzlichen *Brandnächte* nach den Bombardierungen deutscher Städte während des Zweiten Weltkriegs durch den Publizisten Jörg Friedrich richtete sich weniger auf das Gedenken und ihren nationalsozialistischen Entstehungskontext als auf die Beschwörung eines ethnisch deutschen Opferkollektivs und seiner offenkundigen Gleichsetzung mit den durch den nationalsozialistischen Rassismus in der Tat zum Opferkollektiv gemachten Juden Europas. Mit der Initiative der sächsischen CDU und der CDU-Bundestagsfraktion für ein *Gedenkstättengesetz* war schließlich die Idee einer Gleichsetzung und damit Einebnung der beiden Totalitarismen auf deutschem Boden verknüpft. Dies hatte zur Aufkündigung einer jahrelangen Zusammenarbeit des Zentralrats der Juden ebenso wie der der Sinti und Roma mit der sächsischen Landesregierung geführt.

»Der Untergang« 2004. Verharmlosung Hitlers

In diesen Jahren machte der 2004 in die Kinos gelangte Film »Untergang« Furore. Es ist ein Film über die Geschehnisse im Berliner »Führerbunker« während der letzten Tage des Zweiten Weltkriegs. Er basierte auf dem gleichnamigen Text des Historikers und Herausgebers der »Frankfurter Allgemeinen Zeitung«, Joachim Fest und auf den Erinnerungen von Traudl Junge, die Hitlers Privatsekretärin war. Letztere erschienen als Buch unter dem Titel »Bis zur letzten Stunde« und als Film unter dem Titel »Im toten Winkel«. Hinzu kam die Darstellung »1945. Als Arzt in Hitlers Reichskanzlei« von Ernst Günter Schenck (vgl. im Folgenden Michael Elm 2008 und Antonia Schmid 2015).

Der Film inszeniert ein entsetzliches Schlachtgetümmel um den Führerbunker und in ihm einen wahnwitzigen Hitler, während die Mehrheit der Personen im Führerbunker Vertreter des Realitätsprinzips darstellen sollen, die das Treiben um den Endsieg mehr oder weniger irritiert beobachten, aber nur widerwillig daran partizipieren würden: Keitel, Jodl – und SS-General Wilhelm Mohnke als angeblicher Gutmensch für die Berliner Zivilbevölkerung, in Wahrheit Gruppenführer der legendär brutalen »Leibstandarte Adolf Hitler«. Auch Albert Speer, Rüstungsminister und für die Deportation der Berliner Juden verantwortlich, wird in diesem Film zum vernünftigen Gutmenschen. Ebenso und ebenso wahrheitswidrig der SS-General Ernst-Günter Schenck: Er ist der gute Mensch vom Führerbunker, der Kopf und Kragen riskiert, um »sich für die Nahrungsmittelversorgung der Berliner Bevölkerung einzusetzen, benötigte Medikamente zu erlangen und der versucht, Lynchmorde der SS zu unterbinden und zum Zeugen von etwas gemacht wird, was auf Auschwitz verweist: Wenn er im Keller die zurückgelassenen Patientinnen und Patienten entdeckt, alte und geschwächte Menschen, absolute Stille im Film, neben ihm liegen übereinandergeschichtete Leichen.« (Elm 2008: 146 ff.) So wird der bis zum Schluss getreue SS-Arzt für die Rezipienten zum Zeugen deutschen Leids, das bildlich in die Nähe von Auschwitz gerückt wird, so dass an seinem Gutmenschtum keine Zweifel bleiben. Schenck ist neben Junge, Speer und Hitler eine der Leitfiguren des Films. Selbst in den Schlussszenen ist er an der Seite von Traudl Junge und dient dem Zuschauer als moralische Gewähr für einen distanzierten Blick auf die Geschehnisse (ebd.).

Christoph Kopke (2004) hat gezeigt, dass Schenck nicht nur Ideologe war, sondern für die zum Teil tödlich verlaufenden Ernährungsversuche im Konzentrationslager Mauthausen verantwortlich sowie für seine Tätigkeit als Ernährungsinspekteur der Waffen-SS und Polizei ab 1940, in dessen Aufgabenbereich auch die Betreuung der Plantage im Konzentrationslager Dachau fiel. Schenck hat sich in seinen Nachkriegspublikationen niemals zu wenigstens einer moralischen Schuld für seine Handlungen während des Nationalsozialismus bekannt (Elm 2008).

Adolf Hitler selbst wird in einer eigentümlich, widersprüchlichen Faszination, hochkarätig besetzt durch Bruno Ganz, auf der Basis von Joachim Fests Hitler-Biographie und seiner Mitarbeit am Drehbuch dramatisiert – in ideologisch aufgeladenen Bildern: Hitler als Führer und Vaterfigur, als Verräter einer deutschen Armee und als Verkörperung des Bösen.

Das »Wunder von Berlin« besteht darin, dass man im Mittelpunkt der Machtzentrale des Nationalsozialismus unbescholten, wenn nicht gar als Opfer, Krieg und Holocaust erleben konnte. Der Nationalsozialismus versinkt am Ende im Dunkel einer mythologischen Frühzeit, dem Schenck und Junge glücklich entrinnen. Der Film überblendet eine verborgene Phantasie: den Untergang der Reichshauptstadt als Wiederkehr des blutigen Endes der Nibelungen – Dreiklang von Verdammnis, Opfer und Erlösung. Geschildert wird das Ende des Krieges nicht als Befreiung, sondern als tragische Abfolge von Selbstzerstörung, Opfer und Wiedergeburt. Zwar nimmt der Film für sich in Anspruch, nach historischer Quellenlage zu verfahren; so inszeniert er einen Blick zurück. Durch die Verwendung von Zeitzeugenaussagen, die Umdeutung von Albert Speer und von Schenck kommt es jedoch zu einer Weichzeichnung der Geschichte, die

die NS-Zeit mit tragischen Bildern von Verstrickung und Erlösung mit einem guten Ausgang überschreibt. Fests und Eichingers Film »Der Untergang« war eine Zäsur (Elm 2008). Dieser Film steht in der Mitte eines Jahrzehnts von eindrucksvollen Filmen, die die Deutschen als Opfer zum Thema haben, es waren eben doch die anderen, zunächst und zu allererst die nationalsozialistische Elite, die das deutsche Volk auf dem Gewissen hatte, aber dann auch die Kommunisten oder die Polen. In Filmen wie »Gustloff«, »Die Flucht«, »Rommel« und »Dresden« werden Deutsche als Opfer gezeigt, die im Zweifel Widerstand zu leisten versucht haben, aber dieser Maschine, diesem Terror, dem Hitler-Nationalsozialismus mehr oder weniger hilflos ausgesetzt waren. Sie wollten es nicht so. Die Filme reproduzierten Negativbilder von Russen, Slawen und Kommunisten. In Filmen wie »Die Flucht«, aber auch »Krupp – eine deutsche Familie« wird eine deutsche Gesellschaft als kollektive Schicksalsgemeinschaft beschworen, die sich in diesen Fällen ihrer selbst vergewissert (vgl. Antonia Schmid 2015).

4

9/11. Gegen den Islam und die Muslime

Es schien, als würden diese Debatten um den Holocaust mit der Abfolge der Generationen und dem entscheidenden Kompromiss zum Bau des Holocaust-Mahnmals nachgelassen haben. Aber fraglich bleibt, ob das ethnonationalistische Potential tatsächlich emotional und rational wirksam mitverarbeitet worden ist. Spätestens nach 9/11 wurde klar, dass es beträchtliche Teile der deutschen Bevölkerung gab, die Minderheiten abzuwehren versuchten. Immer noch repräsentierten Juden den Untersuchungen zufolge ebenso wie Sinti und Roma »Objekte« der Vorurteilsbereiten.

Um die Jahrhundertwende veränderten sich die Konstellationen: Die rot-grüne Regierung ging das Problem der vergessenen Minderheiten, die es offiziell in einem Nicht-Einwanderungsland nicht geben dürfe, an und forcierte die Debatte um ein besseres Staatsbürgerschaftsrecht, das auch die größte Minderheit der Türken einschloss. Sie wollte endlich die Lebenslüge, wie sie von den national getönten Konservativen innerhalb der CDU verteidigt worden war, vor allem von den Innenministern, durch ein modernisiertes Staatsbürgerschaftsrecht beenden. Wie umstritten das war, zeigt der fulminante Wahlsieg Roland Kochs 1999 in Hessen, der gegen die doppelte Staatsbürgerschaft gerichtet war und de facto eine Mobilisierung von Fremdenfeindlichkeit bewirkt hatte.

Diese Debatte wurde nach 9/11 drängender und bezog sich nun immer stärker auf die Gefahren des Islam und von Muslimen im Land. Der nach dem Attentat auf die Twin Towers in New York ausgerufene »Krieg gegen den Terror« hat parallel zum Angriff auf die Taliban in Afghanistan mit die Grundlage für den Angriffskrieg gegen den Irak durch George Bush junior (USA) und Tony Blair (GB) gelegt. Insgesamt haben die Zerstörung des Iraks und eine umstrittene Besatzungspolitik letztlich zum Entstehen des sogenannten Islamischen Staats beigetragen, kurz zu mehr Terror als zuvor. Inzwischen gelten die humanitären Interventionen, insbesondere die im Irak, als gescheitert. Mit der Ausrufung des Kriegs gegen den Terror wurden zugleich in der westlichen Öffentlichkeit die Gefahren des Islam, des Islamismus und des islamistischen Terrorismus stärker aufeinander bezogen, als dies gerechtfertigt war. Er hat somit dazu beigetragen, dass der ohnehin für die öffentlichen Debatten auch in Deutschland weitgehend theologisch unbekannte Islam zu einem Feindbild erklärt wurde und damit Muslime verstärkt und schließlich systematisch mit Distanz und Misstrauen überzogen wurden. Schon zuvor hatte der amerikanische Politikwissenschaftler Samuel Huntington in seinem Buch »Kampf der Kulturen« (1996) vom Krieg des Westens gegen den Islam bzw. die islamische Welt gesprochen und so die öffentlichen Debatten seit Ende der neunziger Jahre mitgeprägt.

Die halbherzige Entscheidung zur deutschen Islamkonferenz 2006

Der Soziologe Wilhelm Heitmeyer hat den Anstieg der Islamophobie in den Jahren nach 9/11 abgebildet. Bis 2006 erreichte er Werte von bis zu 40 Prozent (Heitmeyer 2007: 26). Erst der mit einer Mehrheit von über 50 Prozent gefällte Volksentscheid in der Schweiz, Minarette fürderhin zu verbieten, zeigte Mitte des letzten Jahrzehnts, wie notwendig ein Dialog und eine institutionalisierte Beziehung zwischen den Muslimen und der deutschen Mehrheitsgesellschaft wurde, wenn man eine Gefährdung eines gedeihlichen Zusammenlebens vermeiden will.

Als Bundesinnenminister der großen Koalition hatte Wolfgang Schäuble mit der Einberufung der deutschen Islamkonferenz 2006 den Dialog zwischen Gesellschaft und Politik und den in Deutschland lebenden Muslimen ausgerufen und in der Folge institutionalisiert. In der Regierungserklärung am Tag nach dem ersten Plenum der Islamkonferenz ging er die zentralen Vorurteile und Ängste an. Muslime seien in Deutschland willkommen. Sie seien keine ausländische Bevölkerungsgruppe mehr, sondern Bestandteil der Gesellschaft. Es gebe Probleme, die man gemeinsam angehen müsse: die Rolle der Frau, das Kopftuch, der Islamunterricht, die Mängel bei Bildung und Ausbildung, das Schächten sowie die Radikalisierung, die in manchen Moscheen betrieben werde. Mit der Benennung von Integrationsproblemen räumte er zugleich Fehler in der Vergangenheit bei der Integration der nach Deutschland zugezogenen Ausländer ein und wandte sich gegen Integration als Assimilation. Er wandte sich damit direkt oder indirekt sowohl gegen die Forderung seines Vorgängers im Amt wie vor allem an den nationalkonservativen Flügel in seiner eigenen Partei, die jedenfalls jahrelang etwa in Gestalt Jörg Schönbohms (und Friedrich Zimmermanns aus der CSU) präsent waren. Das Jahr 2006 war durch Karikaturenstreit, Kofferbomber und Papstrede in Regensburg und einen verbreiteten skeptischen Ton auch von als liberal geltenden Medien gekennzeichnet. Auch das Jahr 2007 mit seiner zweiten Sitzung der

Islamkonferenz war durch Debattenvielfalt, die Gründung eines Dachverbandes muslemischer Verbände und durch Medienreaktionen zwischen Stereotypen und (ersten) Differenzierungen bestimmt.

Aber diese so notwendige Initiative wurde nicht zu einer breiten öffentlichen Debatte des Verhältnisses von Deutschen und Muslimen genutzt. Es wäre ja denkbar gewesen, einen Prozess zu initiieren, der mit einer zentralen Koordination der Muslime und einem (den christlichen und jüdischen Glaubensgemeinschaften ähnlichen) Staatsvertrag einen ungeheuren Erfolg hätte erreichen können. Praktiziert war eine solche flexible und gegenüber den muslimischen Verbänden und Vereinigungen offenere Haltung schon im Westberlin der achtziger Jahre unter der kundigen, souveränen und entschiedenen Haltung Barbara Johns und ihrer Unterstützung durch den damaligen Regierenden Bürgermeister von Weizsäcker. Stattdessen verfing sich die Konferenz in der schwerlastenden bürokratischen Konkurrenz zwischen Innenministerium und Bundeskanzleramt und wurde von Akteuren im Bundesinnenministerium geprägt, die wenig von der Thematik verstanden. Dadurch geriet die Konferenz immer mehr zu einer bürokratischen Veranstaltung und scheiterte schließlich, als nach dem Regierungswechsel der CSU-Abgeordnete Friedrich Innenminister wurde und de facto auch aus ideologischer Überzeugung die Initiative ins Leere laufen ließ. Schon zuvor war es den Akteuren im Bundesinnenministerium gelungen, diese Konferenz zu einer über Sicherheit zu verengen und insofern ein weiteres Mal die Muslime in Deutschland mit Misstrauen zu bedenken.

Nationalismus der Etablierten auch während des Sommermärchens 2006 in Deutschland

Studien wie die von Heitmeyer und anderen haben klargemacht, dass Nationalismus in Deutschland eine Ursache von Fremdenfeindlichkeit ist. Zwar wurde mit dem Fußball-Großereignis im Sommer 2006 Deutschland von einem schwarz-rot-goldenen Begeisterungstaumel erfasst. Viele sprachen von einem harmlosen Partypatriotismus, andere waren skeptisch, und einige verstanden dies als den notwendigen Tabubruch auf dem Schritt zur Normalität (vgl. Julia Becker und andere: Nationalismus und Patriotismus als Ursache von Fremdenfeindlichkeit, in: Wilhelm Heitmeyer: Deutsche Zustände. Folge 5. Frankfurt am Main 2007). Sie konnten auch für Untersuchungen nach der Weltmeisterschaft 2006 zeigen, dass die erhöhte Identifizierung mit Deutschland die Ablehnung von »Fremden« befördert hat (ebd., 145). Nationalismus geht auch 2006 »in Deutschland mit Fremdenfeindlichkeit, Islamophobie und Antisemitismus einher« und führt zu einer Abwertung von MigrantInnen. Während viele Menschen, so resümieren sie, der Meinung sind, ein gesunder patriotischer Nationalstolz sei positiv, zeigen die vorliegenden Befunde, dass es sich hierbei um eine Fehleinschätzung handelt. »Auch der während der Fußballweltmeisterschaft zu beobachtende Partypatriotismus zieht keine positiven Effekte nach sich – im Gegenteil, es zeigt sich ein Anstieg des Nationalismus« (ebd., 146/147). Denn Befragte, die ein höheres Maß an Nationalstolz angeben, sind auch fremdenfeindlicher, islamophober und antisemitischer (ebd., 140). Ja, die Politik hat sich bemüht, Deutschland mit dem Motto »Die Welt zu Gast bei Freunden« als weltoffenes Land zu präsentieren. Aber der fremdenfeindliche Nationalismus hat auch 2006 trotz oder sogar wegen der Identifizierung gerade auch der Türkinnen und Türken mit Deutschland nicht abgenommen, sondern zugenommen.

Die wachsende Feindschaft gegen Muslime im letzten Jahrzehnt

2006 sehen sich *durch die vielen Muslime* knapp 40 Prozent *manchmal wie Fremde im eigenen Land. Diese Zahl geht 2009 auf ein Drittel leicht zurück, steigt 2010 auf erneut knapp 40 Prozent, liegt 2011 bei 30 Prozent und klettert 2014 auf 43 und 2016 auf 50 Prozent (Decker und andere. Die enthemmte Mitte 2016: Seite 50).* Knapp 30 Prozent glauben, *Muslimen sollte die Zuwanderung nach Deutschland untersagt werden* (ebd., 26). Auch diese Zahl geht 2009 auf gut 20 Prozent zurück, steigt 2010 auf ein Viertel, geht leicht zurück, ehe sie 2014 auf über ein Drittel (36,6) ansteigt und 2016 auf über 40 Prozent (41,4). Vermutlich variieren diese Zahlen mit der Wahrnehmung unterschiedlicher Verunsicherung: nach der Welt-Finanzkrise – und erneut mit Kriegen und Terror 2014 und vor allem 2016 – allerdings bevor der Terror auch unmittelbar Deutschland erreicht hat.

Der Dammbruch. Thilo Sarrazin

Im Oktober 2009 geriet die muslimische Minderheit in Deutschland ins Zentrum öffentlichen Streits. Thilo Sarrazin hatte ohne einen besonderen Anlass ein Interview in der Zeitung »Lettre International« gegeben, in dem er das Integrationsverhalten von

Türken und Arabern massiv kritisierte. Er sprach ihnen jegliche produktive Funktion ab, außer für den Gemüsehandel und das Hervorbringen von »Kopftuchmädchen« (vgl. die instruktive Analyse der Reaktion der »Welt«, der »Süddeutschen Zeitung« und der »Frankfurter Allgemeinen Zeitung«, in: Marco Jelic: Die Sarrazin-Debatte in den Medien. Masterarbeit. Universität Bonn 2013).

Im Januar 2010 beantragte der Kreisverband Spandau der SPD unter Raed Saleh auf der Basis eines brillanten Gutachtens von Gideon Botsch, in dem Sarrazin Rassismus und eine eugenisch-rassistische Ideologie vorgeworfen wird, den Parteiausschluss. Nach einer Umfrage in der Bevölkerung, nach der Sarrazin 51 Prozent Zustimmung erzielte, schwenkte die »Bild«-Zeitung trotz anfänglicher Kritik auf den Pro-Sarrazin-Kurs ein. Im August 2010 veröffentlichten »Bild« und »Spiegel« erste Auszüge seines Buchs »Deutschland schafft sich ab«. Auf die Kritik an diesem Buch erklärte Sarrazin in einem Interview für die »Welt am Sonntag« auf die Frage, ob es denn eine genetische Identität gebe: dass alle Juden ein bestimmtes Gen teilen würden. Laut einer Emnid-Umfrage, die »Bild am Sonntag« am 5. September 2010 veröffentlichte, würden 18 Prozent der in Deutschland lebenden Menschen eine Sarrazin-Partei wählen. Nach der anfänglichen Kritik gab auch die SPD unter ihrem damaligen Vorsitzenden Sigmar Gabriel indirekt nach. Am 20. September 2010 erklärte er: »Wer auf Dauer alle Integrationsangebote ablehnt, der kann ebenso wenig in Deutschland bleiben wie vom Ausland bezahlte Hassprediger in Moscheen« (vgl. ebd., 34).

Die Medien taten ihr Übriges, wie der obenzitierte Marco Jelic an der medialen Rezeption der Sarrazin-Debatte in drei zentralen Leitmedien zeigt. In der »Welt« dominierte die Verteidigung der Meinungsfreiheit, ein Plädoyer für eine liberale Debatten-Kultur und die Verurteilung einer zu scharfen Kritik an Thilo Sarrazin. Nach Jelic waren 76,9 Prozent der von ihm untersuchten Kommentare im zentralen Forum der »Welt« zustimmend bzw. verteidigend. Zu den Verfechtern dieser Linie gehörten Jacques Schuster, Monika Maron und Necla Kelek.

Der Autor sieht die Argumentationsmuster der ebenfalls untersuchten »Frankfurter Allgemeinen Zeitung« ähnlich. Danach habe Sarrazin recht, das Volk stehe hinter ihm, seine öffentliche Ablehnung sei falsch. In der Sache sei die Integration gescheitert, die Missstände ständen zu Recht im Vordergrund. Jelic beobachtet in der FAZ die Haltung einer »Wir-die«-Dichotomie. Die FAZ gehe in ihren Kommentaren von einem assimilativen »Integrations«-Verständnis aus. Über drei Viertel der untersuchten Kommentare verträten diese Richtung.

Demgegenüber gehe die »Süddeutsche Zeitung« davon aus, dass die Debatte unsachlich geführt werde, vielfach die Thesen Sarrazins inhaltlich falsch seien, die Integrationsprobleme, wo sie existierten, vor allem sozialer Natur, nicht kultureller (rassistischer) Natur. Über vier Fünftel der 16 untersuchten Artikel gehen in diese Richtung. Der Autor kommt insgesamt zu dem Urteil, dass in den Vorstellungen der FAZ, der »Welt« (und der »Bild«) muslimische Mitbürger im negativen Kontext der Integrationsverweigerung stünden, dass dies ein Ausdruck von *Parallelgesellschaften* sei und eine Belastung für das soziale Netz sowie eine Gefahr von Terrorismus und Kriminalität darstelle. Zeitweise folgten Mehrheiten der deutschen Bevölkerung den Thesen Thilo Sarrazins in den entscheidenden Diskussionsmonaten zwischen August und Oktober 2010.

Der Widerspruch Naika Foroutans

Zur gleichen Zeit widersprach die Berliner Migrationsforscherin Naika Foroutan in der »Berliner Zeitung«, der »Berliner Morgenpost« und an anderer Stelle Sarrazin. Sie verwies auf einen Prozess der Vergemeinschaftung seit der Islamkonferenz 2006 und darauf, dass Schäuble erklärt hatte, dass der Islam Teil unserer Vergangenheit und Zukunft sei und dass auch die Muslime zu Deutschland gehörten. Sie verwies aber auch darauf, dass 9/11 und die Debatten seither zu einer gesellschaftlichen Vergiftung, einer Entfremdung und Polarisierung und einer Trennung in eine westliche und islamische Welt beigetragen hätten. Muslime würden nach den Terroranschlägen vom 11. September 2001 als Vorlage für Feindbilder benutzt (vgl. »Berliner Morgenpost« vom 5. September 2010).

In einem Artikel der gleichen Autorin, »Ob mit oder ohne Kopftuch – wir sind stolz darauf, neue Deutsche zu sein. Die Fakten zeigen: Es gibt keinen Grund für Islamphobie«, widerlegte sie Sarrazin auch empirisch. Dieser Artikel ist heute so gültig wie 2010 – und dokumentiert die Intensität der Debatte, weswegen wir ihn in Auszügen abdrucken:

> Wer ist hier in Deutschland eigentlich für die Wahrheit zuständig? Nehmen wir doch mal die Forschungsinstitute als Erforscher der empirischen Faktenwelt: Wer beachtet eigentlich die Ergebnisse all der klugen Männer und Frauen, die für das »BAMF«, für das »BMI«, für »Emnid«, »Allensbach« und »Sinus-Sociovision« Studien zu Ressourcen, Integrationsbereitschaft und Integrationsfortschritten der »Muslime in Deutschland« erarbeiten? Wer liest die Antwort der Bundesregierung auf die in den Diskursraum geschleuderte Diffamie-

> rung Wolfgang Bosbachs, der kurz nach Thilo Sarrazin die »Integrationsverweigerer« in Deutschland stärker sanktioniert wissen möchte und der von der Faktenlage, die ihm seine Regierung daraufhin präsentierte, ganz offensichtlich nichts weiß: 77 Prozent aller zur Teilnahme Verpflichteten nahmen an den Integrationskursen teil; bei der Nichtteilnahme kann nicht von Verweigerung gesprochen werden, vielmehr von diversen Entschuldigungsgründen wie Fortzug ins Ausland, Schwangerschaft, Eintritt in den Arbeitsmarkt.

Sie kritisiert die sozialrassistischen Sätze über die mangelnde Produktivität als falsch gefühlte Wahrheiten, als falsche manipulierte: demagogische Agitation:

> Warum findet sich keine Antwort auf Herrn Sarrazins menschenfeindliche Aussage in Bezug auf die »mangelnde Produktivität der Türken in Berlin«, die berichtigt, dass bei der türkisch-deutschen Unternehmervereinigung Berlin-Brandenburg und der Handelskammer 9000 kleine und mittelständische Betriebe von Menschen mit türkischem Migrationshintergrund geführt werden, die ca. 29 000 Mitarbeiter haben und einen Jahresumsatz von ca. 3,5 Milliarden Euro generieren. Warum antwortet niemand mit den Zahlen des »Instituts für Mittelstandsforschung der Universität Mannheim«, die im April 2005 die Bedeutung der ethnischen Ökonomie in Deutschland untersucht und dabei festgestellt hat, dass im Falle der »Türken« im Untersuchungszeitraum von 1991–2003 eine Steigerung der Selbständigkeit um über 200 Prozent zu verzeichnen ist – so viel zur Produktivität. 80 Prozent der Migranten aus muslimischen Herkunftsländern können als Einkommensquelle auf Lohn oder selbständige Tätigkeit zurückgreifen, stellt das »Bundesamt für Migration und Flüchtlinge« in seiner Studie »Muslimisches Leben in Deutschland (2009)« dar.

84 Prozent der »Türken« in Deutschland stimmen der Aussage zu: »Ohne die deutsche Sprache kann man als Zuwanderer in Deutschland keinen Erfolg haben«, stellt eine Sinus-Umfrage fest. Auch daraus ergibt sich eine im Vergleich zur alteingesessenen Bevölkerung deutlich stärker ausgeprägte Bereitschaft zur Leistung und ein stärkerer Wille zum gesellschaftlichen Aufstieg: Mehr als zwei Drittel zeigen demnach ein modernes, individualisiertes Leistungsethos. 63 Prozent der Befragten mit türkischem Migrationshintergrund sind der Meinung: Jeder, der sich anstrengt, kann sich hocharbeiten. In der Gesamtbevölkerung stimmen dieser Aussage nur 57 Prozent zu. – Warum kontrastiert das so stark mit der gefühlten Wahrnehmung der Gesamtgesellschaft, in der fast 40 Prozent das Gefühl haben, sich »durch die vielen Muslime wie Fremde im eigenen Land« zu fühlen – wie Wilhelm Heitmeyer in seiner Studie »Deutsche Zustände« deutlich zeigt? Dazu kommt, dass drei von vier Deutschen verneinen, dass »die muslimische Kultur in unsere westliche Welt« passt und 67 Prozent die Werte des Islams mit ihren eigenen für unvereinbar halten – deutlich schwingt da der Gedanke mit, dass auch die Träger dieser Werte in die eigene Lebenswelt nicht passen. Interessant ist, dass auch diese Wahrheit von der Gesamtgesellschaft negiert wird. Deren Selbstwahrnehmung zufolge kann in Deutschland von einer verbreiteten Abneigung gegen Muslime nicht gesprochen werden.

Sarrazin hatte einen Millionenerfolg im Buchverkauf, füllte die Säle zwischen München und Altenburg in den Jahren 2010 und 2011 und wird später erneut nachlegen. Er ist der erste frühe rechtspopulistische Star, der die finanziellen, sozialen und ökonomischen Erschütterungen der Finanzkrise und die gesellschaftliche Minderheit missbraucht und den Schuldigen in den verdorbenen und sich ausbreitenden Muslimen sieht, vor den Türken warnt, die schon einmal vor Wien lagen, um Europa zu unterjochen – und die man damals noch habe zurückschlagen können. Sarrazin erklärte die Krise rassistisch: Ihr, die ihr unter der Krise leidet – das ist die immer wiederholte eigentliche Botschaft –, wisst, wem ihr sie zu verdanken habt: den bildungsfernen unproduktiven überflüssigen Türken, Muslimen, Kosovaren, die nicht nur Berlin, sondern Deutschland abschaffen werden. Es war die erste und entscheidende Uminterpretation der Weltfinanzkrise für Deutschland, weg aus den desaströsen Finanzgebaren und der bankenkonformen Rettungspolitik im Milliardenumfang bei einer gleichzeitigen Spar- und Kürzungspolitik. Es war die eigentliche Antwort darauf, dass man nicht wie in den Vereinigten Staaten die Ökonomie wieder entfesselt hat, wie dies Obama tat, sondern mit einer Ideologie der Kürzungsrationalität die Krise für die vielen, auch in Deutschland, aber erst recht in Südeuropa noch verschärft hat. Die Sarrazin-Antwort heißt: Es ist der Sündenbock, der schuld ist. Nicht die Finanz- und Ökonomiepolitik. Und nur die Abschaffung des Sündenbocks hilft uns aus der Krise, nicht eine andere Krisenreaktionspolitik.

Sarrazin konnte dies alles so erfolgreich tun, weil die Mitte der Gesellschaft dies zuließ und die Bereitschaft zu Distanz und Abwehr gegenüber Türken und Muslimen tief verankert war und ist – und niemals wirksam aufgebrochen wurde. Es hatte erst eines mühsamen Kompromisses bedurft, um nun doch nach 40 Jahren Gastarbeiterexistenz von Millionen Türken ein Staatsbürgergesetz unter dem damaligen Innenminister Schily zu verabschieden, aber auch nicht ohne dass wenige Jahre zuvor – 1999 – dem hessischen Ministerpräsidenten Roland Koch mit einer ausländerfeindlichen Kampagne gegen die doppelte Staatsbürgerschaft ein fulminanter Wahlsieg gelungen war.

Samuel Huntingtons Kampf der Kulturen

Zu allen diesen Thesen finden sich in der Wissenschaft differenzierte Antworten. Wir beschränken uns auf die vielleicht nachhaltigste Theorie, die These vom Kampf der Kulturen. In ihr wird nämlich unterstellt, dass es eine schier unüberwindbare Unvereinbarkeit zwischen dem Islam und dem Westen gebe. Huntington hat nach seiner Präsentation des Kampfes der Kulturen im vornehmen Hamburger Überseeinstitut Mitte der neunziger Jahre auf die Frage nach den Bedrohungen, die er vornehmlich sieht, geantwortet: *Wissen Sie, es wird der Islam sein, der den Westen bedroht. Und er wird besonders bedrohlich, wenn er sich mit China zusammenschließt.* Nach dem Abebben des Ost-West-Konflikts werde es einen Paradigmenwechsel in der internationalen Konfliktentfaltung geben. Es werden die Konflikte vor allem von kulturellen, kulturell-religiösen Faktoren und der Unvermeidbarkeit der Feindschaft zwischen dem Westen und dem Islam und zwischen dem Westen und China bestimmt sein. Nach Huntington sind es die unveränderlichen Größen Zivilisation, Kultur und Religion, die die entscheidenden Konfliktgeneratoren sein werden. Die islamische Kultur werde in Konflikt mit der westlichen Kultur treten. Tektonische Spalten werden sich auftun und gleich Naturkatastrophen zu kriegerischen Explosionen treiben.

Seines Erachtens waren es ausgerechnet die von einem von extremen Serben und Kroaten betriebenen Genozid überzogenen Muslime in Bosnien, die die blutige Seite des Islam an seiner Nordgrenze zeigen würden. Die Muslime in Bosnien haben, so Huntington in seltener Verzerrung der historischen Sachverhalte, einen blutigen und verhängnisvollen Krieg mit orthodoxen Serben geführt und auch gegen katholische Kroaten Gewalt ausgeübt (so Huntington 1996: 416). Kaum einer hat die Verkehrung der bosnischen Opfer in Täter so ideologisch entschieden und empirisch falsch vertreten wie Samuel Huntington. Er hat dazu die historische Wahrheit verkehrt, den extremen Nationalismus der Serben um Milošević und der der Kroaten um Tudjman ausgeblendet, die Geschichte gefälscht und so an einer zentralen Stelle Ideologiepolitik durch Ausblendung betrieben. Bosnien sei ein Fall des Kampfes der Kulturen, so in der Antwort Huntingtons auf Anmerkungen seines Kollegen Charles Mayer der Harvard University (vgl. Funke 2003: 75).

Huntington geht von der ahistorischen Unverwechselbarkeit zivilisatorischer Identitäten aus. Das habe zwar nichts mit Rassen zu tun, aber es sei schwierig, die Hand nach Zivilisationen auszustrecken, die wie die islamische ihre Position im Gegensatz zu unserer westlichen definiert habe.

Die Abwehr der Integration durch die rechte Mitte

Sarrazin behauptet, dass der Islam nicht integrierbar sei. Dafür stand auch die »Islamkritikerin« Necla Kelek mit ihrem Bestseller »Die fremde Braut« (2005) und ihrer massiven Unterstützung der Thesen Thilo Sarrazins. Klaus Bade, der Integrationsexperte über Jahrzehnte, hatte noch wenig zuvor, im Mai 2010, das erste Sachverständigenratsgutachten *Einwanderungsgesellschaft* 2010 mit großem öffentlichem Anklang vorgelegt. Es war eine – wie er schreibt – »zentrale Gegenbotschaft zu der notorischen Mischung aus verschreckter Abwehr und verschämter Selbstunterschätzung im ›Nicht-Einwanderungsland‹. Es erbrachte ein im In- und Ausland aufsehenerregendes, in der öffentlichen Integrationsdebatte nachgerade historisches, weil diskursbrechendes Ergebnis: Es war die Abkehr von dem von der Desintegrationspublizistik komponierten und mit festen Stereotypen immer neu intonierten Klagelied von der angeblich flächendeckend ›gescheiterten Integration‹, aus der es aufgrund der durch Zuwanderung und die in ihrer Folge religiös-kulturell vollzogenen Tatsachen keinen Ausweg mehr gebe (›Der Islam ist nicht integrierbar‹)« (vgl. Klaus Bade: Kritik und Gewalt. Sarrazin-Debatte, Islamkritik und Terror in der Einwanderungsgesellschaft. Schwalbach 2013).

Es war Klaus Bade, der seit Anfang der achtziger Jahre immer wieder »vor den gesellschaftlich gefährlichen Folgen einer demonstrativen Erkenntnisverweigerung und insbesondere davor gewarnt hatte, die Eigendynamik von Integration als gesellschaftspolitisch[es] Problem ersten Ranges zu unterschätzen« (ebd., 22). Solche Thesen wurden von einem Teil der Presse »oft brüsk zurückgewiesen oder regelrecht verlacht. Das galt besonders für die »Frankfurter Allgemeine Zeitung«, die lange ein ›Sperrriegel‹ (Dieter Oberdörfer) gegen Innovationen in der Migrations- und Integrationspolitik war und in dieser Hinsicht mancherlei Initiativen fast schmähkritisch kaputtgeschrieben hat« (ebd., 23). In diesem Zusammenhang zitiert Klaus Bade das Gespräch mit einem ehemals führenden Beamten aus dem Bundesministerium des Innern: »Er sei derjenige, der im BMI Anfang der 1980er Jahre alles verändert habe, was ich (Bade) damals vorgeschlagen hätte: ich hätte gesagt, wir seien auf dem Weg zum

Einwanderungsland. Nötig seien deswegen Konzepte für steuernde Einwanderungsgesetzgebung und aktive Integrationspolitik. Das BMI habe das Gegenteil für richtig gehalten: Deutschland sei nicht auf dem Weg zum Einwanderungsland und solle auch nicht auf diesem Weg geraten. Deswegen seien die von mir und anderen Wissenschaftlern und Experten der Integrationspraxis geforderten legislativen und politischen Initiativen verwerflich, weil sie im Sinne dieser Abwehrpolitik kontraproduktiv wirken und den Weg zum Einwanderungsland durch Verrechtlichung nur befördern könnten« (ebd., 23). Thilo Sarrazin hatte an diese Abwehrpolitik anknüpfen können, aber auch an seine eigene Zeit als Berliner Finanzsenator (2002–2009); denn in dieser Zeit hat er im Wesentlichen die bis heute nachwirkenden einschneidenden Kürzungen in den Bereichen Bildung, Kita, Soziales und Polizei selbst betrieben (vgl. Bade, 42). Sarrazin selbst brachte einen »Teufelskreis in Gang. Er hat selbst dafür gesorgt, dass seine Prophezeiung eintritt, dass der bildungspolitische Kampf kaum zu gewinnen sei, in einer Struktur, wo die Zahl der Bedürftigen von Jahr zu Jahr steigt« (ebd., 43). Der damalige Bundesinnenminister de Maizière 2010: »Wenn man jahrelang als Finanzsenator Verantwortung in einer Stadt trug, in der die Missstände in der Tat nicht gering sind, dann sollte man auch deswegen mit Kritik zurückhaltend sein.« Und die Integrationsbeauftragte der Bundesregierung, Staatsministerin Böhmer, sagte im August 2010 über seine Thesen: »Wer selbst im Glashaus sitzt, sollte nicht mit Steinen werfen.« Das galt, so ergänzt Klaus Bade, auch für Sarrazin persönlich: »Der Finanzsenator fiel seinerzeit einerseits im Senat durch die meisten, nämlich mehr als 40 amtlich gemeldete Nebentätigkeiten und andererseits durch verachtungsvoll ätzende, von ihm auch rückblickend noch stolz präsentierte Sozialkritik auf; für Heiner Geißler ein ›typisches Beispiel für die immer weiter voranschreitende Verrohung der Sitten gegenüber armen Mitbürgern (…) Ich hätte damals auch nicht gedacht, dass ein Landesminister wie dieser Senator eines Tages mit ›Geiz ist geil‹- Parolen arme Leute folgenlos verhöhnen darf. Aber es ist so. (…) Wenn Massenarmut einmal in Wut und Aggression umschlagen sollte, wozu die Deutschen länger brauchen als die Angehörigen anderer Nationen, dann tragen die Hartz-IV-Erfinder und nicht zuletzt Provokateure wie Sarrazin dafür die Verantwortung.« Klaus Bade zitiert ebenfalls Barbara John: »Was er sagt, ist abwertend, niedermachend, destruktiv und ausgrenzend.« Ihr dränge sich »der Verdacht auf, dass es in bestimmten Kreisen der deutschen Elite durchaus üblich ist, so verächtlich über Menschen zu reden, die täglich ihren schweren Dienst versehen oder am untersten Ende der sozialen Stufenleiter stehen. Da leben einige in dieser arroganten Selbstgerechtigkeit: Wir sind die eigentlichen Leistungsträger im Land.« (44)

Christian Wulff: »Der Islam gehört zu Deutschland«

Es gab einen aus der damals dominierenden politischen Elite, der sich der Provokation Sarrazins entgegenstellte: Christian Wulff. Und eine Reihe anderer, die ihn deswegen (!) nicht mehr wollten: Wenn die seriös ermittelte Rekonstruktion des Dramas um die Rede des damaligen Bundespräsidenten Christian Wulff zutrifft, handelt es sich nicht nur um ein Schmierenstück deutschen Journalismus, sondern sehr viel mehr um eine Tragödie in der politischen Kultur 20 Jahre nach der Einigung Deutschlands und 25 Jahre nach der ähnlich bedeutenden und aufwühlenden Rede Richard von Weizsäckers zur 40-jährigen Wiederkehr des Endes des Zweiten Weltkriegs und damit der nationalsozialistischen Herrschaft.

Christian Wulff hatte sich offenkundig auch aufgrund eines Briefes, über die sich ausweitende Islamfeindlichkeit nach den Wochen der Debatte um die rassistischen Thesen Thilo Sarrazins entschlossen, einen schlichten Befund zur Lage der Nation mitzuteilen, als er erklärte: »Das Christentum gehört zweifelsfrei zu Deutschland. Das Judentum gehört zweifelsfrei zu Deutschland. Das ist unsere christlich-jüdische Geschichte. Aber der Islam gehört inzwischen auch zu Deutschland.« In einem Gespräch kurz vor dem 3. Oktober, so berichtet der »Stern«, hatte der damalige »Bild«-Chef Kai Diekmann davor gewarnt, einen solchen Satz zum Tag der nationalen Einheit zu sprechen. Die Themen Integration und Islam lagen indessen dem katholisch sozialisierten Christian Wulff am Herzen. Sie waren auch Teil seiner niedersächsischen Politik – nicht nur mit den Muslimen, auch mit und zwischen den Juden und den Christen in einer überzeugenden Reihe von Aktivitäten. Man hat ihm diesen Satz übelgenommen.

Weniger als zwei Jahre später ist Wulff Mitte Februar 2012 – auch wegen dieser Rede – zurückgetreten – und an seiner Stelle wird nach der Aufdeckung der NSU-Mordserie Angela Merkel am 23. Februar 2012 die Trauerrede zu den Morden in den Jahren 2000 bis 2007 an neun Türken, einem Griechen sowie einer aus Thüringen stammenden Polizistin übernehmen und eine vollständige Aufklärung versprechen.

Die Muslime sind »gefährlich«

Ein besonderes Problem stellt in der Tat die Chance und die Selbstverständlichkeit der Religionskritik dar – sie gilt für die christliche Religion, die jüdische Religion wie die islamische. Sich als aufgeklärt verstehende Gesellschaften wie Individuen sehen sich frei in der Kritik an überkommenen Vorstellungen etwa des Geschlechterverhältnisses, und entsprechend gibt es eine gerade auch in Deutschland intensiv geführte Debatte um die autoritären Anteile der christlichen Religionen wie ihren Antisemitismus innerhalb der letzten 50 Jahre, etwa in der katholischen Kirche, vor allem mit der tiefgreifenden Auseinandersetzung um die autoritären und antisemitischen Anteile der katholischen Kirche im zweiten Vaticanum 1962 bis 1965.

Hinsichtlich der Auseinandersetzung mit dem Islam kommt allerdings eine vielfach beschriebene Distanz gegenüber dem Orient hinzu, der in bestimmten Traditionen insgesamt als rückschrittlich und inhuman abgewertet wird. Zum Problem wird dies, wenn es nicht mehr um eine Ausrichtung auf Freiheit und Gleichheit der Individuen geht und die Kritik an Religion, und gerade auch am Islam einschließt, sondern um eine kulturrassistische Wesenszuschreibung. Dann ist der Islam als solcher aufklärungsunfähig, gefährlich, rückständig, frauenfeindlich und gewalttätig. Diese falsche Generalisierung des Islam und aller Muslime steht Pate für die islamfeindlichen Diskurse. Die Fähigkeit, sich zum Islam zu verhalten, also die Bedeutung der Religion für die eigene Lebensführung selbst zu gestalten und auszusuchen, wird Muslimen abgesprochen, ihr Handeln wird ausschließlich über eine vom Betrachter vorgegebene Definition des Glaubens erklärt. Muslime sind in dieser Vorstellung Agenten des Islam). Danach ist eine islamisch geprägte Kultur bzw. der Islam die Ursache für alle kritisierbaren Missstände, einschließlich des Terrors. Die Annahme eines einheitlichen muslimischen Wesens geht mit der Behauptung der Unwandelbarkeit des Islam an sich einher. Alle Probleme der islamischen Welt werden aus zeitlosen Vorschriften des Islam abgeleitet. Eine Verzerrung und Irreführung gleichermaßen. Klassisch steht für eine solche Haltung Hans-Thomas Tillschneider, der auf dem Parteitag der AfD konsequenterweise den Islam für aufklärungsunfähig hielt und zugleich auch nicht wollte, dass es Variationen des Islam gebe und geben solle. Eine puristische Form der Erklärung des Islam und de facto der Muslime zum (inneren und äußeren) Feind.

Islamfeindlich sind da die Aussagen, die in dem Islam und der islamischen Welt eine hermetische Haltung zuordnen. Danach ist die islamische Welt rückständig und verweigert sich den neuen Realitäten. Dem stimmen fast 60 Prozent zu. Der Islam ist eine archaische Religion, unfähig, sich an die Gegenwart anzupassen – ebenfalls fast 60 Prozent. Der These, »ich denke, dass die Nähe von Islam und Terrorismus schon im Islam selber und seinen aggressiven Seiten angelegt ist«, stimmen ebenfalls fast 50 Prozent zu. Für fast 60 Prozent sind Muslime und ihre Religion so verschieden von uns, dass es blauäugig wäre, einen gleichen Zugang zu allen gesellschaftlichen Positionen zu fordern (vgl. Decker und andere. Rechtsextreme Einstellungen in Deutschland 2012).

Wie schwierig nationale Symbole in aufgeheizten Zeiten sind, zeigt folgende Begebenheit: Als nach den Bundestagswahlen 2013 die CDU ihren fast absoluten Mehrheitssieg feierte, schwirrten plötzlich auf der Bühne Deutschland-Fahnen. Bundeskanzlerin Angela Merkel reichte sie weiter – ins Off.

Die Islamkonferenz wurde zum Scheitern gebracht

Es dauerte bis 2005, ehe sich der seinerzeitige Innenminister Schäuble entschloss, eine Islamkonferenz einzuberufen, und erklärte, dass irgendwie doch der Islam zu Deutschland gehöre. Wirklich überzeugt war er von der Integration der Muslime in Deutschland nicht. Es war eine taktische Maßnahme, um den Grünen zuvorzukommen. Irgendwann in den Jahren 2010, 2011, 2012, gewissermaßen nach dem durchgesetzten Rücktritt des Bundespräsidenten Wulff, versandete vorerst die Möglichkeit, dass sich ein komplexeres Bild von unserer wichtigsten Minorität durchsetzen ließ. Oder sie war bereits nach der Weltfinanzkrise, der um sich greifenden Verunsicherung und der dadurch möglichen Nutzung des Muslims als Feind und Gefahr erschwert. Erst recht nach den niederträchtigen Attacken Sarrazins; und dann folgte der gelungene strategische, vom Presserat kritisierte Versuch eines Teils der Medien des Springerimperiums und der »Frankfurter Allgemeinen Zeitung« unter Schirrmacher, Wulff und damit auch seine These aus dem Amt und zum Teufel zu jagen.

Die großen Kulturen des Islam diesseits des Terrors aber waren und sind kaum bekannt: Weder die eindrucksvollen liberalen Traditionen des bosnischen Islam, nicht die Sufi-Traditionen und schon gar nicht die Debatten muslimischer Gelehrter, die sich vehement gegen die rigiden autoritären Aktionen, wie wir sie aus dem Iran oder aus Saudi-Arabien kennen, wehren und gegen sie öffentlich einschreiten. Es erregt Aufsehen, wenn Papst Franziskus nach der Weltjugendwoche der katholischen Kirche Ende Juli 2016 in Polen sagt: »Wenn ich über islamische Gewalt spreche, dann muss ich auch über christliche Gewalt sprechen (…) In fast jeder Religion gibt es immer eine kleine Gruppe von Fundamentalisten – bei uns auch.« Es erregt keine Aufmerksamkeit, wenn die vielen Muslime auf ihre eigene Weise sich kulturell an den islamischen Traditionen orientieren oder sie mischen mit atheistischen und zivilgesellschaftlichen, etwa in der Bundesrepublik.

Sarrazin war damals von der NPD gelobt worden. Er hat die Grundlagen für die Entfesselung des Ressentiments wenige Jahre später gelegt. Das Ressentiment war – wie Studien zeigen – längst da, es hatte nun eine erste Kristallisationsfigur, ehe ab 2013 mit der AfD und ab 2014 mit der Anti-Flüchtlings-Bewegung Pegida, den Internetauftritten von *Politically Incorrect* und anderen sich auch in Deutschland die Hunderttausende auf die Straßen und in die Wahlkabinen wagten.

Die Antwort auf die Frage, zu welchem Zeitpunkt sich das Bild des Islam, das Bild des Muslims verhärtet hat, ist schwer zu beantworten. Noch schwerer, ob es mit der Islamkonferenz überhaupt eine Chance gegeben hätte, die, wenn anders genutzt, eine Wende im Denken hätte herbeiführen können. Vielleicht tatsächlich, wenn die CDU es mit ihrer Islamkonferenz ernst gemeint hätte und sich gegenüber den um Angst bemühten Politikern durchgesetzt hätte.

Inzwischen engagiert sich ein Teil der Öffentlichkeit, die Schwächen der theologischen und öffentlichen Debatte um den Islam anzugehen – durch die Einrichtung von Fakultäten für islamische Theologie zur Ausbildung von Pädagogen und Imamen wie an der Humboldt-Universität zu Berlin, durch die pädagogischen Texte zum liberalen Islam der kenntnisreichen und daher immer wieder angegriffenen Theologin Lamya Kaddor, die einen toleranten und weltoffenen, *normalen* Islam lehrt –

so in »Der Islam. Für Kinder und Jugendliche« im Beck-Verlag (München 2012) und nicht zuletzt durch Wissenschaftlerinnen wie Angelika Neuwirth etwa in ihrer Schrift: »Koranforschung – eine politische Philologie? Bibel, Koran und Islamentstehung im Spiegel spätantiker Textpolitik und moderner Philologie« (Berlin 2014). Sie geht auf die komplexe und gar nicht einseitige Entstehungsgeschichte des Offenbarungstextes Koran ein und bedauert, dass es im öffentlichen Diskurs kein zureichendes theologisches Wissen über den Islam und den Koran gibt – wie es inzwischen nicht nur innerhalb des Christentums und zwischen den verschiedenen Denominationen, sondern seit nunmehr einigen Jahrzehnten auch über die jüdische Theologie gibt. Vor allem aber sind es so populäre Werke wie »Islam verstehen. Geschichte, Kultur und Politik« (Stuttgart 2016) des Kulturwissenschaftlers Gerhard Schweizer. Ebenso erscheint es sinnvoll, diesseits der etablierten muslimischen Gemeinden verstärkt Erfahrungsräume von Muslimen und Nichtmuslimen in öffentlichen Institutionen zu erschließen und so ihre Vielfalt von Menschen wahrnehmbar zu machen, die sich – ob religiös oder nicht – als Muslime in Deutschland begreifen. Das dürfte es erleichtern, zwischen der großen grundgesetztreuen Mehrheit der hiesigen Muslime einerseits und andrerseits Islamismen und schließlich dritterseits den Gefahren einer Instrumentalisierung des Islam durch Terroristen differenzierter wahrzunehmen und angemessener zu unterscheiden.

5

Die Krisen rücken näher

Im Frühjahr 2013 kommt es zu einer ausführlichen Debatte um die Bedingungen der Durchsetzung der totalen Herrschaft Hitlers, noch einmal eine Auseinandersetzung um den Nationalsozialismus an seinem Anfang und seinem Ende. Die Debatten gingen darum, wie sich so schnell die totale Herrschaft Hitlers durchsetzen und der Widerstand der Demokraten, der Gewerkschaften zerschlagen ließ. Und zweitens, dass wir damit nun 80 Jahre danach abschließen können und uns unsere nationalen und internationalen Aufgaben zuwenden sollten – so im Nachgang des weithin ausgestrahlten Films »Unsere Mütter, unsere Väter« in einem ausführlichen »Spiegel«-Artikel über die Bedingungen der internationalen Verpflichtungen und der Notwendigkeit militärischer Einsätze.

Zugleich beginnt eine Debatte, wie man in solche Kriege hineinschlittern kann, ohne Sinn und Verstand, wie es die Herrscher Europas in den Wochen vor dem Ersten Weltkrieg taten. Daneben aber wächst der Druck, so auf der Münchner Sicherheitskonferenz Anfang 2014 in Erinnerung an den Beginn des Ersten Weltkriegs oder besser trotz dieser Erinnerung sich neu international zu wappnen, den eigenen Beitrag zu erhöhen, eben auch militärisch, so der damalige Bundespräsident Gauck, so die Verteidigungsministerin von der Leyen und dazu im Gegensatz Frank-Walter Steinmeier, der zwar von wachsender internationaler Verantwortung sprach, aber nicht von einer militärischen.

Man ahnt, dass die Entfesselung des Bürgerkriegs durch das Regime Assads und seine Unterstützung durch Russland und Iran einerseits und die Unfähigkeit der Vereinigten Staaten, eine Strategie gegen diesen Bürgerkrieg zu entwickeln, uns allen auf die Füße fallen wird. Denn von früh an hatten die Vereinigten Staaten sicher mit zunächst guten Gründen die Freiheitsbewegung in Syrien unterstützt, aber dann doch zu schnell mit den Freischärlern, die man in Libyen nicht mehr brauchte, auch und vor allem bewaffnet. Man hat damit die Chance verbaut, auch noch durch Kompromisse wie im Sicherheitsrat für Waffenstillstände einzutreten. Andreas Zumach hat wiederholt darauf hingewiesen, dass diese einmalige Chance im Frühjahr 2012 bestand – zusammen mit Russland eine Sicherheitsresolution zu verabschieden, die zwar nicht gleich den Rücktritt Assads zum Inhalt hätte haben können, aber doch einen Waffenstillstand und so die unkontrollierte Eskalation einschließlich des Giftgaseinsatzes hätte eindämmen und vor allem mit der Regierung in Moskau zu Kompromissen auch in der Sache Assad hätte beitragen können. Das wurde in erheblicher Selbstüberschätzung von den Vereinigten Staaten abgelehnt.

Ja, es wäre anders verlaufen, das sehen wir heute, hätte die Präsidentschaft von Bush junior und seinen Ideologen etwas umsichtiger auf den furchtbaren Anschlag in New York reagiert und sich nicht auf eine Kette von Angriffskriegen festgelegt, ohne zu planen und zu wissen, wie man diese Kriege und ihre Folgen auch wieder eindämmt (vgl. Funke 2007). Eine solche Planung gilt selbst unter Kriegsbefürwortern als ein moralisches Minimum für die Entscheidung zum Krieg. Und das – ein trauriger Befund – hat nicht einmal sein Nachfolger erreicht, obwohl er von diesen Kriegen weniger hielt.

In den Debatten zur 100-jährigen Wiederkehr des Ersten Weltkriegs wurde intensiv darüber verhandelt, wie es zu diesem Hineinschlittern damals hat kommen können. Aber im Grunde war es eine Debatte um das Heute.

Es war ja auch schon absehbar, dass der Terror – in dieser Form eine Spätfolge dieser Kriege – Europa erreicht und wir vor einer »Flüchtlingswelle« geradezu kapitulieren würden, aber vor dem einen wie dem anderen die Augen noch verschlossen. (Noch 2013 hatte der Zuständige für die Geheimdienste im Bundeskanzleramt nassforsch verkündet, man habe den sogenannten Islamischen Staat nicht absehen können – da hatte es schon einschlägige und genaue Untersuchungen zu diesem Phänomen gegeben.)

»Unsere Mütter, unsere Väter«

2013 gab es einen interessanten und machtvollen weiteren Versuch der Debatte um den Zweiten Weltkrieg durch den Dreiteiler »Unsere Mütter, unsere Väter«, der zu einer Art Binnenschau, der Erinnerung der Deutschen an den Krieg, insbesondere an seine Eskalation mit dem Angriff auf die Sowjetunion und dem nahezu gleichzeitig entfesselten Massenmord an den europäischen Juden, dem Vernichtungskrieg, wurde.

Daran schloss sich eine im »Spiegel« dargelegte, geradezu missbräuchliche Nutzung dieser Erinnerung auf den Krieg als Naturgeschehen und der Befreiung von dem angeblich ewigen Trauma durch eine Politik der nun vollzogenen Kriegsfähigkeit und damit dem angeblichen Erwachsenwerden der deutschen Nation an.

»Unsere Mütter, unsere Väter« beginnt erst nach dem Beginn des Angriffskriegs 1941 gegen die Sowjetunion, mit dem der genozidale Vernichtungskrieg entfesselt wurde – und der Film suggeriert damit, ein Stück weit, dass der Krieg als Krieg über Deutschland gleichsam hereingebrochen ist, jedenfalls für die damals ganz Jungen. Das mag hinnehmbar sein, wenn der Kontext dieses spezifischen nationalsozialistischen, genozidalen Kriegs erst recht seit 1941 und die achtjährige Wirkung des Regimes auf die Hitlerjugendgeneration im Film gewürdigt wird. Dies geschieht kaum, jedenfalls nicht angemessen.

Auch im weiteren Verlauf des Films wird von dieser Sozialisation fast ganz abgesehen, bis auf eine vernachlässigbare Szene mit den beiden Kindern eines autoritären, gegebenenfalls sogar nationalsozialistischen Vaters. Der Verfasser des Skripts ging offenkundig von Diktatur (wohl eher nach dem DDR-Vorbild) und von »Krieg« aus und sah das Besondere eher in einem allerdings dann brutalisierten Krieg.

Der nicht eben genaue und historisch adäquate Eindruck dieses Films verschärft sich noch dadurch, dass auch die polnische Situation unterkomplex dargestellt wird. Die eindrücklichste Szene ist hierzu die, in der eine polnische Partisaneneinheit einen Zug angreift und sieht, dass es sich um einen Deportationszug handelt, einzelne aus der Partisaneneinheit die Deportierten befreien und wenig später Teile der Einheit die gerade Befreiten systematisch erschießen. Dies ist in der Tat mindestens einseitig, in der Sache uns bisher nicht bekannt, jedenfalls unwahrscheinlich, und unterschlägt, dass die Polen keineswegs ein Kollaborationsregime hatten wie das des Ustascha-Regimes, das nach den Vorgaben der SS systematisch Juden umgebracht hat. Was nicht heißt, dass es nicht vielfältigen Antisemitismus gab, aber eben nicht die Imitation der nationalsozialistischen Massenermordung der Juden durch Partisanen.

Stattdessen wird historische Verantwortung und gegebenenfalls Schuld aus dem historisch-politischen Kontext genommen und vor allem als private Konfrontation mit den Kriegserfahrungen zu erzählen versucht. Dies wiederum ist voller Gefühle, oft kitschig erzählt, und übersieht gerade, dass dies im Grunde einer mehr als 40-jährigen Nachkriegsentwicklung der Veränderung der Einstellungen folgt, die auf die vier Jahre projiziert wird. Gewiss ein guter Trick, der aber dafür doch sehr von dem, was zwischen 1941 und 1945 geschehen ist, absieht.

Der Produzent Nico Hoffmann hatte offenbar eine Vorstellung, die sich insbesondere auf seine eigenen Eltern bezieht, die gleichsam in dem Krieg gefallen sind und wohl noch jünger waren als diese 20-Jährigen. Er ist offenkundig sehr von den Erzählungen seiner eigenen Eltern als Folie für den Film ausgegangen. Jedenfalls hat Nico Hoffmann im »Spiegel« berichtet, dass er die Situation seiner Eltern so wahrgenommen hat und dies de facto die Kernintuition für diesen Film abgab. Spät zwangsweise einberufen, wollte sein Vater mit dem Zeug wenig zu tun haben; anders als die nationalsozialistisch begeisterte Mutter, die sich allerdings in den Charakteren der Figuren des Films kaum findet, allenfalls in der Krankenschwester.

Damit dominiert der Krieg als Krieg, wie er in diesem Dreiteiler beschrieben wird. Der Kontext des nationalsozialistischen Faschismus bzw. der Diktatur wird kaum angemessen angesprochen. So entsteht eine Fehlwahrnehmung, die an das Motiv anschließt, wir sind vom Krieg überrascht, in ihn verstrickt, und wenn, dann durch den Kriegsverlauf (durch diese Verstrickung) auch gegebenenfalls schuldig geworden. Die

These dominiert u. E., dass sich jeder Zwanzigjährige (natürlich bis auf das jüdische Mitglied der Gruppe) mehr oder weniger notwendig in diesen Krieg verstrickt bzw. schuldig wird. Die beiden Brüder, die aus unterschiedlichen Motiven in den Krieg ziehen, der ältere Bruder zunächst gern, der jüngere sehr distanziert, ehe er durch den Krieg zum Exzesstäter wird, während der ältere von seinen Erfahrungen im Krieg so erschüttert ist, dass er desertiert. Und die Krankenschwester denunziert zunächst aus ihrem Antisemitismus heraus eine jüdische Kollegin und versucht dann vergeblich, im Lazarett am Ende eine polnische Zwangsarbeiterin zu retten. Dies ist vergleichsweise detailliert erzählt, vor allem: Die Charaktere werden in ihrer Komplexität und vor allem ihrer dramatischen Veränderung durch den Krieg gezeichnet.

Aber es fehlt eine ganze Dimension: die hohe Begeisterung gerade dieser Hitlerjugendgeneration um den Geburtsjahrgang 1920. Dramaturgisch wäre dies möglich gewesen, etwa in einer genaueren Zeichnung eines oder mehrerer Charaktere als identifiziert, antisemitisch infiziert oder kriegsbegeistert. Immerhin stellt das die große Mehrheit der Hitlerjugendgeneration nach dem Stand der Studien dar. So wird man den Eindruck nicht los, dass diese im Film bezeichnete Gruppe gleichsam vom Krieg überrascht wird und eine zentrale Frage, wie es zu einer so großen Identifizierung mit dem Nationalsozialismus hat kommen können, eher ausgespart wird. Dies legen auch die in Printmedien zitierten Reaktionen nahe. Es sind im Wortsinn Kriegs*schicksale*.

Endlich normal?
Sind wir wieder wer – auch militärisch?

2013/14 gab es eine (kurze) Debatte eines aufflammenden *Wir sind wieder wer*. Sie begann in der prekären Nutzung historischer Erinnerung an die Machterringung Hitlers 80 Jahre zuvor für eine Politik mit weniger militärischer Zurückhaltung. So hieß es in dem Leitartikel »Die zaghaften Deutschen.« (»Spiegel« 13 / 2013): »Seit 20 Jahren ist die Bundeswehr an Kampfeinsätzen im Ausland beteiligt. Schrittweise gewöhnte die rot-grüne Regierung das Land an eine neue Normalität. Doch nun ist ausgerechnet Schwarz-Gelb dabei, das Erreichte wieder zu verspielen.« (»Spiegel« 13/2013) Die Debatte um »Unsere Mütter, unsere Väter« wurde so zu etwas erheblich anderem benutzt: Der »Spiegel« hat mit Interviews, der Nachzeichnung des genannten Films, das Besondere der Deutschen, ihrer Zerstörung durch das Zerstörerische des Nationalsozialismus und ein wenig auch jenes Opferdasein in den Vordergrund gerückt. Gewiss komplexer als noch wenige Jahre zuvor wie in »Dresden«, der »Flucht« oder dem »Untergang«. Aber der Artikel ist nichts weniger als ein Aufruf zu bellizistischer Normalität. Mit der Nachzeichnung des gleichsam Unvermeidlichen der Kriegsgräuel wurde die Frage verknüpft: Sind wir ewig traumatisiert oder – zugespitzt – endlich normal?! Umstellt von beeindruckenden Bildern *schwerer Gefechte mitten in Europa* (im Bundeswehreinsatz im Kosovo 1999), dem hochtechnologischen *Raketenabwehrsystem Patriot,* betont der Artikel zwar, dass nach wie vor hinsichtlich des Verhältnisses der Deutschen zum Krieg nichts selbstverständlich sei, ja die deutsche Nation mit einem ewigen Trauma beschäftigt wäre – um dann in die zentrale These einzuführen, dass vor 20 Jahren das Kabinett Helmut Kohl den ersten internationalen Kampfeinsatz der Bundeswehr beschloss. Und man seither, wie die Autoren meinen, am Beginn eines langen Weges der *Normalisierung* sei. Man sei *einen weiten Weg gegangen, und es war Rot-Grün, das das Land gegen die Skepsis der Deutschen in die großen Einsätze ins Kosovo und nach Afghanistan* geführt habe. Man sei vom traumatisierten Deutschen zu einem Erwachsenen geworden und übernehme die politische Verantwortung. Die Autoren vertreten die These, dass die damalige schwarz-gelbe Koalition in der deutschen Außenpolitik zur alten, unmündigen Unsicherheit zurückgekehrt sei: also wohl in einen vor-erwachsenen, gegebenenfalls pubertären Status. Die Enthaltung Deutschlands im UN-Sicherheitsrat beim Kriegseinsatz in Libyen, das minimale Engagement in Mali, die Passivität in Syrien seien solche Fälle, was nichts anderes heißt, als dass man auch dort sich nicht enthalten, kein Minimalprogramm fahren und (militärisch) in Syrien intervenieren solle. Dass man das nicht tue, sei für das internationale Ansehen Deutschlands fatal. Das Wort von der Kultur der militärischen Zurückhaltung löse bei den Partnern nur Kopfschütteln aus. So einfach ist das, und herbeizitiert werden inzwischen als gescheitert angesehene militärische Interventionen wie der Libyen- oder der Afghanistan-Einsatz. Stattdessen sollte es u. E. darum gehen, die Einsätze und Interventionen möglichst genau daraufhin zu untersuchen, ob sie schwerwiegendste Menschenrechtsverletzungen (im Sinne von Genozid oder Demozid oder eine Gefahr für den Weltfrieden) durch Interventionen, reduzieren oder sogar beenden können. Eine solche restriktive Definition jenseits eines radikalen Pazifismus wäre die allererste Voraussetzung, um über Chancen und Widerstände für eine begrenzte militärische Intervention zu sprechen, nachdem alle anderen Optionen der Prävention ausgeschöpft sind.

Mehr Verantwortung übernehmen – In einer Kultur militärischer Zurückhaltung?

> »Wir brauchen Russland zur Lösung praktisch aller sicherheitspolitischen Krisen und Konflikte unserer Zeit.«
> (Steinmeier)

Anfang 2014 plädierte der damalige deutsche Außenminister Steinmeier auf der Münchener Sicherheitskonferenz für mehr Verantwortung, aber – ganz anders als der seinerzeitige Bundespräsident Gauck – *mit einer Kultur militärischer Zurückhaltung*. In seinen sieben Thesen trat er für eine Verantwortung ein, die auf der Basis konkreter Einschätzungen erfolgt, die kooperiert mit den Partnern in Europa und den Vereinigten Staaten, in einer Kultur der militärischen Zurückhaltung und der präventiven Diplomatie *vor* der Eskalation. Er warnte vor einer gewaltsamen Lösung des innenpolitischen Problems der Ukraine und davor, zynisch auf Zeit zu spielen. Schließlich seien die Probleme sowohl in der Ukraine wie im Iran oder in Syrien *mit* Russland, d. h. durch eine kooperative Sicherheits- und Außenpolitik zu lösen.

Syrien ohne Lösung

Streubomben aus Hubschraubern über Aleppo – die zynische Antwort des Assad-Regimes auf Genf und München: Es gibt auch nicht den Ansatz einer Lösung für die Massenverbrechen an der Zivilbevölkerung in Syrien. Es sind nach Schätzungen 160 000, die getötet und ermordet worden sind; Millionen, die Binnenflüchtlinge und die in die Nachbarländer geflohen sind, vor allem in die Türkei, in den Libanon und nach Jordanien. Allein in der Woche der Sicherheitskonferenz sind weit mehr als 1000 Menschen getötet worden. Zehntausende sind in Gefängnissen des Regimes. Trotz mehrerer Diskussionsrunden sieht niemand eine Lösung mit den bisherigen Mitteln. Ja, es gibt die Treffen in Genf. Aber weder zeigt sich Bewegung, die diesen Namen verdient, noch sind beträchtliche Teile der Opposition am Konferenztisch. Im vierten Jahr hat sich der Bürgerkrieg längst verselbständigt – und vor allem radikalisiert.

Der Konflikt um den Iran

Die Iran-Politik war ein Testfall eigener Qualität. In der Münchener Sicherheitskonferenz 2014 war klargeworden, wie verwurzelt das gegenseitig gepflegte Misstrauen über die letzten Jahrzehnte ist. Auch, wie gleichsam von oben herab die Initiativen des iranischen Präsidenten Rouhani übermäßig kritisiert werden. Dabei ist es gewiss auch vor dem Hintergrund wirksamer Sanktionen geradezu eine mentale Revolution, die Rouhani versucht hat. In großer Schnelligkeit wurde dank der Flexibilität des amerikanischen Außenministers John Kerry ein Interimsabkommen durchgesetzt, dass nun auch vom Iran verantwortlich umgesetzt werden muss. Das Abkommen ist zunächst eine Leistung, die gewürdigt gehört. Ein Akt gegenseitigen Vertrauens. Allerdings gab es auch auf der Sicherheitskonferenz einige, die die Ernsthaftigkeit dieses Interimsabkommens bezweifeln und dagegen opponieren. Zu Recht wird darauf hingewiesen, dass die Reformer um Moussawi immer noch nicht aus ihrem Hausarrest entlassen sind und es eine der weltweit höchsten Raten an Todesstrafen im Iran gibt. Claudia Roth hat in ihrer Frage an den iranischen Außenminister auf diesen Tatbestand verwiesen, zugleich aber eine Antwort erhalten, in der der Außenminister formuliert hat, dass die Lage der Menschenrechte durch entsprechende Initiativen eine hohe Priorität auf der Agenda des iranischen Präsidenten haben würde.

Frank-Walter Steinmeier hat mit Blick auf das Jahr 1914 – auf der Sicherheitskonferenz als Einziger – daran erinnert, wie man 1914 innerhalb weniger Monate in eine gefährliche Eskalation schlittert. Christopher Clark habe in »Die Schlafwandler« minutiös dokumentiert, *wie in wenigen Wochen des Jahres 1914 aufgrund von Sprachlosigkeit, Entfremdung, persönlichem Geltungsdrang und nationaler Eiferei erst Europa und dann die Welt in der Urkatastrophe des 20. Jahrhunderts versank. Binnen weniger Wochen war die Lage nicht mehr beherrschbar, alle Verbindungen gekappt, und der Tod fraß sich von Haus zu Haus.*

Zeitenwende mit Donald Trump?

Es gibt keine Normalität in Washington.
(Einflussreicher deutscher Außenpolitiker, Mitte Februar 2017)

»I was raised Catholic, became Episcopalian
& found out later my family was Jewish.
I stand ready to register as Muslim in solidarity.«
(Madeleine Albright)
(Tweet nach Haaretz, Anfang Februar 2017)

In seiner Einführungsansprache hatte Donald Trump am 20. Januar 2017 davon gesprochen, *dass mit diesem Datum die Macht von Washington an euch, das Volk, zurückgegeben wird. Der*

20. Januar soll erinnert werden als der Tag, an dem das Volk wieder Machthaber dieser Nation wurde. Zugleich machte er sich damit zum Vollstrecker des Volkswillens, wie er ihn definiert, nicht die Institutionen, nicht die gewählten Repräsentanten und die Gesetze, auch nicht die Opposition und die Presse – nach seinem Willen ohne die demokratischen Verfahren der *checks and balances* der amerikanischen Verfassung.

Am 27. Januar 2017, dem Tag der Erinnerung an die Befreiung von Auschwitz, erwähnte er in seiner Erklärung zum Holocaust die nicht, an die wir vor allem erinnern: die sechs Millionen in Europa durch Nazideutschland ermordeten Juden. Er hat, wie »Haaretz« nachgewiesen hat, die Vorlage aus dem State Department, die Juden ausdrücklich erwähnt, durch den Beraterstab um Steve Bannon streichen lassen (»Haaretz«, 3.2. 17: White House blocked Holocaust Statement That Explicitly Mentioned Jews).

In der gleichen Woche dekretierte er, eine bis 15 m hohe Mauer an der Südgrenze der Vereinigten Staaten gegenüber Mexiko zu bauen und sie von den Mexikanern bezahlen zu lassen und, wenn sie dies nicht täten, 20 Prozent Strafzoll zu erheben. Dies käme einer Erschütterung der bisherigen Handelsbeziehungen gleich und würde auch die Klientel treffen, die er in seinem Wahlkampf im Auge hatte. Im Wahlkampf hatte er von Mexikanern als Vergewaltigern gesprochen und so Ressentiments gegen Mexikaner angeheizt – wie ähnlich gegenüber Schwarzen und nicht zuletzt gegenüber Frauen in einer frauenfeindlichen Sprache.

Hinzu kommen das gewünschte Ende von Obama-Care, der Ausstieg aus dem Pazifischen Handelsabkommen, ein angedrohter Handelskrieg, der Weiterbau gestoppter Ölpipelines, die

Abkehr vom Klimaschutz, das Lob der Folter, die Abweisung der Vereinbarung mit dem Iran und eine beispiellose Aufrüstungsspirale, seine Lügen über die Zahl der Teilnehmer an seiner Inauguration – und über allem seine Vorstellung von der Gerechtigkeit für den amerikanischen Arbeiter, nachdem die Welt Amerika – *uns* – ausgeplündert habe.

Offenkundig regiert gegenwärtig in Washington eine Melange von Geschäftsinteressen, Militärs und nicht zuletzt von Ideologen. Dort residiert Steve Bannon – Stand Mai 2017 –, dessen soziales Medium »Breitbart News« sich schon seit Jahren muslimfeindlich und rassistisch geäußert hat.

Die Order

Ebenfalls am 27. Januar, sieben Tage nach seiner Inauguration, erließ Trump die Order, Muslime aus sieben Ländern ab sofort von der Einreise auf das Territorium der USA auszuschließen und die Einreise von Flüchtlingen aus Syrien auf unbestimmte Zeit auszusetzen, nicht aber Christen aus diesen Ländern. Er hat seine gegen Muslime gerichtete Feindschaft zur praktischen Politik gemacht. Er hat damit einen Generalverdacht aufgrund der bloßen Herkunft und Religion zum Maßstab seiner »Heimatschutz«-Politik gemacht und dies zugleich mit dem Verdacht gegen Terror in Zusammenhang gebracht, der offenkundig seiner Ansicht nach besonders von Muslimen ausgehe. Die letzten drei Terrorattentate in den Vereinigten Staaten sind indes von Bürgern seines eigenen Landes verübt worden. Es ist anzunehmen, dass durch diese schroffe, Flüchtlingsabkommen verletzende Order Terrorgefahren gegenüber amerikanischen Institutionen und Personen in den von der Order betroffenen Ländern ebenso wie gegenüber dem US-amerikanischen Territorium eher wachsen als sinken. Der Sicherheitsexperte Robert Baer beispielsweise sieht durch die Order die Informationslage über Terrorgefahren und das Standing der Vereinigten Staaten im Nahen und mittleren Osten gefährdet (nach »Haaretz«, 3.2.17).

Trump hat diese Order – von Steve Bannon vorformuliert – ohne Rücksicht auf die zuständigen Institutionen erklärt. *»Dieses Agieren im kleinen Kreis war eine absichtsvolle Umgehung des Apparats und eine gezielte Demütigung. Als Juristen des Heimatschutzministeriums am Freitagabend, nachdem die ersten Flüchtlinge bereits abgewiesen worden waren, zu der Einschätzung kamen, dass Besitzer einer Greencard auch weiter ungehindert einreisen könnten, intervenierte Bannon erneut und wies die Beamten an den Flughäfen an, auch Greencard-Inhaber nur in Ausnahmefällen nach intensiver zusätzlicher Prüfung einreisen zu lassen. Wer in den Ministerien Probleme mit der Anordnung oder ihrer Umsetzung habe, so verkündete es Trumps Sprecher Sean Spicer am Montag, könne ja gehen.«* (Vergleiche »Kampf dem System« in »Die Zeit« vom 2. Februar 2017.)

Es geht der US-Administration um den neuen Feind der internationalen Politik: den Islam – nicht nur den radikalen Islam, sondern zugleich auch den Muslim. Schon in Ohio hatte, worauf die »New York Times« vom 1. Februar 2017 hinwies, Trump während des Wahlkampfs für ein totales und vollständiges Ende der Einwanderung von Muslimen plädiert, weil diese selbst das größte Böse (»Evil«) des 20. Jahrhunderts seien. Nicht nur der sogenannte Islamische Staat, sondern Muslime seien eine tödliche Gefahr. Angela Merkel hatte recht, als sie von einem Generalverdacht sprach.

Trump hatte Differenzierungen zugunsten einer kollektiven Feinderklärung aufgegeben und damit eine Position radikalisiert, die in der politischen Rechten der Vereinigten Staaten mit dem »Kampf der Kulturen« Samuel Huntingtons die öffentlichen Debatten seit Ende der neunziger Jahre mitgeprägt hat. Entscheidend ist, dass es in dieser Debatte einmal gegen al-Qaida und den sogenannten Islamischen Staat geht, dann gegen über eineinhalb Milliarden Muslime weltweit. Da ist die Rede davon, dass es Muslime sind, die wie immer sie sich im Einzelnen verhalten und denken mögen, als Muslime eine Gefahr darstellen und für die Unterwanderung von Gesellschaft und Politik und für die Einführung eines alternativen Rechtssystems stehen, durch das die Vereinigten Staaten untergehen würden.

Steve Bannon erklärte in einer Rede im Vatikan (!) im Sommer 2014 im Stile paranoider Weltverschwörungsphantasien apokalyptisch, dass wir am Beginn eines brutalen, blutigen Konflikts stehen. *Wenn sich die Christen nicht zu einer militanten Kirche wandeln und sie wegen unseres Glaubens nicht gegen die neue Barbarei, die sich gerade entwickelt, in den Krieg ziehen, wird alles ausgerottet sein, was in den letzten 2000, 2500 Jahren an uns vererbt worden ist. Wir sind am Beginn eines globalen Kriegs gegen den islamischen Faschismus.* Bannon leitete damals die rechtsradikale »Breitbart News« (vgl. Bradley Burston in »Haaretz« vom 1.2.17). Wie im Vergleich zur damaligen gefährlichen Eskalation in den Irakkrieg sich heute die Gewichte verschoben haben zeigt – ironisch genug – der damalige Redenschreiber des Präsidenten Bush junior und Vertreter der Irak-Aggression David Frum in der Zeitschrift »Atlantic«: »Einige Amerikaner können Machtmissbrauch und zerstörerische Politik direkt bekämpfen – in Gerichten, Kongressbüros, in der Presse. Aber alle können sich der Aufgabe widmen, jene Qualitäten wiederherzustellen, aus denen diese Republik wie alle Republiken besteht: Ehrfurcht vor der Wahrheit und ein nüchterner Patriotismus, der auf Pflicht, dem rechten Maß, Verpflichtung auf Tradition, Kenntnis unserer Geschichte und geistiger Offenheit beruht« (»Die Zeit«, 2.2.17). Schärfer kann das Verdikt dieses Neokonservativen gegen die, die im Weißen Haus gerade zu regieren begonnen haben, nicht sein.

6

Politik der Angst in Deutschland. Zur Faszination des Autoritären[9]

Die AfD ist »deutschnational«.
(Frauke Petry, Parteivorsitzende)

Im Oktober 2014 waren es gleich zwei Ereignisse, die langgehegte autoritäre Einstellungen in der Öffentlichkeit gegen Flüchtlinge und Muslime entfesselten: zum einen der *Pegida*-Aufmarsch in Dresden, zum anderen die sogenannten *Hooligans gegen Salafisten* (HoGeSa) mit ihrer gewalttätigen Demonstration in Köln.

Wie eine solche Mobilisierung gegen einen Sündenbock (Muslime) entfesselt werden kann, hatte wenige Jahre nach der tief verunsichernden Weltfinanzkrise Thilo Sarrazin mit seiner eugenisch-rassistischen Bestimmung von Türken, Migranten und Juden in »Deutschland schafft sich ab« (München 2010) einem Millionenpublikum mitgeteilt. Zufällig oder nicht: Es waren dumpf rassistische Organisatoren wie Lutz Bachmann und Jürgen Däbritz, die im Oktober 2014 in Dresden mit der sogenannten Pegida-Bewegung erfolgreich an die Öffentlichkeit gingen und eine erste neue rechtspopulistische Massenbewegung in Dresden und Umgebung organisierten. Sie nahm die Unzufriedenheit auf und radikalisierte sie im unbedingten Kampf gegen Flüchtlinge und gegen diejenige, die mit der Flüchtlingspolitik verbunden war: Angela Merkel.

Mit Pegida wurden nicht nur rassistische Themen in die gesellschaftliche Atmosphäre geschleudert, sondern auch andere rechte Weltdeutungen: Lügenpresse, ein grundsätzlicher Vertrauensverlust gegenüber jeder Berichterstattung. Rassismus im Gewand des vielzitierten gesunden Menschenverstandes, im Wunsch nach Homogenität. Wir und die anderen, nach der den Deutschen ihre Wir-Identität verlorengegangen sei. Mit der Dramatisierung der Feindbilder und der Verschwörungstheorien und dem Transfer dieser Formeln auf alle Kanäle ist das Lokalphänomen ausgeweitet worden, und man weiß nun, wer der Volksverräter ist. Was wir sehen, sind Ansätze einer politischen Bewegungsform, in der sich Rassismus, Anti-Establishment, Ressentiments, Wohlstandschauvinismus und Abstiegsängste verbinden und fusioniert werden.

So nimmt es nicht wunder, dass die bekannten Ableger von Pegida in Berlin, Thüringen, Düsseldorf oder Mecklenburg-Vorpommern in rechtsextremer Hand waren. Der Resonanzboden konnte zum Schwingen gebracht werden. Dies lag nicht zuletzt daran, dass anders als in vergleichbaren Ländern wie Österreich die rechtspopulistische Pegida-Bewegung, ob sie es wollte oder nicht, die bereitstehenden neonazistischen, ohne eine solche Stimmung aber kaum aktionsfähigen Gewaltnetze im Nu mobilisiert hat. Sie sahen jetzt die einmalige Chance zuzuschlagen. Und sie waren präsent, auch als Ordner an den Rändern riesiger Pegida-Demonstrationen in Dresden (wie einer von uns Autoren selbst beobachtete). Organisiert waren sie zum Teil seit den frühen neunziger Jahren – in der NPD Sachsens oder Mecklenburg-Vorpommerns, in den Kameradschaftsnetzen in Thüringen, Sachsen-Anhalt oder Brandenburg und in Teilen Berlins. Etwas klandestiner in Bayern, Baden-Württemberg oder Nordrhein-Westfalen, weniger in den nordwestdeutschen Ländern. In anderen Worten: Wir hatten eine mehrfache Dynamisierung zu verzeichnen, die sich alsbald in Gewalttaten zeigte. Es war eine ideologische und Gewaltdynamik, wie wir sie seit den frühen neunziger Jahren nicht mehr erlebt haben.

Der von Pegida aufgeschlossene und ins Schwingen

gebrachte Resonanzraum ist alsbald von den Strategen der *Alternative* aufgegriffen und verstärkt worden. Im Sommer 2015 (!) wurden nach dem AfD-Parteitag in Essen die Voraussetzungen für eine Demagogie gegen Flüchtlinge geschaffen, die wenige Monate später durch die Flüchtlingswelle in Europa und die phasenweise Öffnung der Grenzen zum bestimmenden Thema innerhalb der Partei wurde. Von der Demagogie zeugen die radikalen Stellungnahmen der AfD-Parteispitze. So beschwor Gauland in seiner Berliner Rede vor der AfD im November 2015 wiederholt den »Untergang Roms durch den Ansturm der Barbaren« und meinte damit Deutschland und die Flüchtlinge.

Die AfD des Flügels um Gauland und Höcke denkt nicht in den Kategorien von Legislaturperioden, Gesetzentwürfen und kleinen Anfragen. Das mag noch unter Lucke anders gewesen sein. Auch die zu großen Teilen nationalkonservative Phase, der Traum von einer Wiedergeburt der CDU Alfred Dreggers, ist hinter sich gelassen. Was wir haben, ist völkischer Nationalismus. So sind die Reden auf Markt- und Domplätzen in Erfurt und Magdeburg zu verstehen. Höcke formuliert das Programm einer völkischen Erweckungsbewegung: Volk. Identität. Dekadenz – aber auch Ordnung, Liebe, Nation und immer wieder Deutschland. Während er das eine zurücknimmt, verschärft er das andere und verschiebt die Normalität nach rechts.

Zwei Wochen im Spätsommer 2015

Die dreitägigen, von Neonazis organisierten Gewaltdemonstrationen gegen Flüchtlinge in Heidenau begannen am 21. August 2015. Sie waren ein Fanal. Sie wurden erst am Sonntag, dem 23. August, unter Kontrolle gebracht – offenbar ein Versagen von Politik, Polizei und den Menschen in Heidenau. Am 26. August besuchte Angela Merkel die Notunterkunft in Heidenau und wurde als Volksverräterin angegrölt und beschimpft. Sie wird in den Tagen danach sinngemäß sagen: Wenn wir nicht freundlich zu Hilfesuchenden sein können, ist das nicht mein Land.

Die eigentliche Herausforderung ergab sich unmittelbar danach. Ein in Ungarn gestarteter Kühllastwagen war mit 71 Toten am 26. August an der Autobahn in einer Parkbucht kurz vor der Ausfahrt Parndorf in Österreich entdeckt worden. Am 3. September ist das Bild des dreijährigen Aylan Kurdi, der tot an die Küste Südeuropas gespült worden ist, in den Medien.

Und am Bahnhof von Budapest waren die Dinge durch das abweisende Verhalten der Regierung Orbán, das gesteuert Chaos produzierte, in diesen Tagen längst außer Kontrolle und spitzten sich am 3. und 4. September zu. Geflüchtete waren in einen Zug eingestiegen, von dem sie annahmen, dass er nach Norden, an die österreichische Grenze, fahren sollte. Er wurde plötzlich gestoppt. Behörden wollten die Insassen in ein Zeltlager bringen. Die Flüchtlinge fühlten sich betrogen und hatten sich daraufhin im Zug verbarrikadiert. Man fürchtete nicht ohne Grund, es sei ein tödliches Risiko (vgl. »Die Zeit« vom 18. August 2016, S. 3). Dort fand man, an diesem 4. September nachmittags an den Gleisen von Bicske, unweit von Budapest, einen Toten.

An diesem Freitag, dem 4. September 2015, wird Angela Merkel von dem damaligen Bundeskanzler Faymann angesichts der unerträglichen Situation in Budapest, die durch den dortigen Ministerpräsidenten Orbán ausgelöst worden war, um Hilfe gebeten. Sie entschließt sich nach Gesprächen mit Faymann für eine humanitäre Reaktion und öffnet die Grenzen. Sie stand dazu, in dem sie davon ausging, dass Deutschland das auch schaffe. Die Entscheidung vom 4. September war aus pragmatischen und moralischen Gründen – so der jetzige österreichische Bundeskanzler und damalige österreichische Bahnchef Christian Kern in seinem Rückblick – unvermeidbar. Es war Krisenmanagement, um Schlimmeres zu verhüten: Die Regierung Viktor Orbán war mit ihrer abweisenden nationalistischen und flüchtlingsfeindlichen Haltung ein Sicherheitsrisiko für die in Ungarn Gestrandeten.

Angesichts der Politik Ungarns mit ihrer Antisemitismus duldenden Haltung und einer schroffen Ablehnung und Einschüchterung der Flüchtlinge war es schwer kalkulierbar, ob es zu einer weiteren Eskalation, die noch weiter außer Kontrolle gerät, kommen würde. In dieser Situation gab es Signale aus der Bundesebene, den Flüchtlingsstrom flexibel zu halten und die Grenze zu öffnen. Womöglich auch, um eine blutige Eskalation zu vermeiden. Dies entlastete das Bild Deutschlands in Europa und der Welt. Aber es war ein Signal für noch mehr Flüchtlinge. Die Politik ist seither darauf bedacht, zugleich Schritte der Eindämmung vorzunehmen. So klar es ist, die Hinnahme der Lage in den Krisengebieten zu kritisieren, so schwer fällt es, das Krisenmanagement in der »Ungarn-Krise« zu verurteilen. Es sei denn, man mobilisiert gegen die Flüchtlinge, wie das teilweise durch die CSU-Leitung geschehen ist, und treibt damit einen Teil der Bevölkerung in die Arme der sich selber radikalisierenden Rechtspopulisten.

Natürlich gilt die Kritik auch der Bundesregierung. Der Bürgerkrieg in Syrien existiert seit knapp fünf Jahren. Spätestens seit 2013 haben Experten der »Stiftung Wissenschaft und Politik« (swp) die Radikalisierung durch den sogenannten IS prognostiziert. Im Außenpolitischen aber hat sich die Bundesregierung kaum bewegt, um ihren Anteil an der Eindämmung der sich ausdehnenden Bürgerkriege zu leisten. Die Lage in den Flüchtlingslagern in der Türkei, im Libanon und in Jordanien war so dramatisch, dass der Minister für wirtschaftliche Zusammenarbeit und Entwicklung schon seit längerem gefordert hat, mehr zur Entlastung, etwa zur Verbesserung der Wasserversorgung in Flüchtlingslagern, zu tun. Er war stolz, im Internet berichten zu können, dass er eineinhalb Millionen Euro dafür zur Verfügung gestellt hat – als Maßnahme zur Bekämpfung der Flüchtlingsursachen. Von strategischer Planung war also wenig zu sehen.

Seehofers bayrischer Rechtspopulismus und der (zeitweise) Auftrieb der AfD

Am Tag danach, dem 5. September 2015 – Seehofer hat sich an diesem entscheidenden Abend nicht erreichen lassen (!) –, vollzog dieser seinen fundamentalen Bruch mit der Flüchtlingspolitik Angela Merkels und der Regierung, der bis heute existiert und angesichts der bevorstehenden Bundestagswahl nur notdürftig verdeckt wird. Seehofer deutete die Haltung seiner Regierung als Selbstaufgabe Deutschlands, die er nicht mitmachen könne, und hielt über taktische Finessen diese Position über lange eineinhalb Jahre, bis er mehr schlecht als recht die erneute Kanzlerkandidatur Angela Merkels in den ersten Wochen des Jahres 2017 unterstützte. Dazwischen traf er sich mit Victor Orbán, der aus nationalistischer und fremdenfeindlicher Sicht die gesamte Flüchtlingspolitik torpedieren wollte und dem dies zu Teilen auch gelang. Er lud ihn in das politische Heiligtum einer partikularistischen CSU, nach Kreuth, ein und schlug sich auf die Seite von Präsident Putin. Seehofers Haltung war wesentlich dafür verantwortlich, dass in den folgenden Wochen die Umfragewerte der AfD stiegen, auch seine, die der CSU aber fielen, ehe sehr viel später sich die CSU-Werte stabilisierten und auch die der AfD in Bayern. Mit Seehofer zusammen hat die CSU-Spitze mit Kreutzer als Fraktionschef der CSU im bayerischen Landtag, dem Ehrenvorsitzenden der CSU, Stoiber, und dem bayerischen Finanzminister Söder eine flüchtlingsfeindliche Agitation betrieben, die immer wieder neu von den Strategen der AfD ausgebeutet worden ist. Parallel funktionierte der Umgang mit den Flüchtlingen auf der Ebene der Landräte, auch der CSU, besser als an vielen anderen Orten. Die abwertende Haltung gegenüber Flüchtlingen ging so weit, dass die Vertreter der anderen Religionsgemeinschaften, insbesondere der katholische Kardinal Marx und der höchste Repräsentant der protestantischen Kirche, Bedford-Strohm, wiederholt die CSU zur Zurückhaltung aufforderten.

In der Flüchtlingsfrage hatte es bereits seit geraumer Zeit Spannungen zwischen den beiden Kirchen und der Staatsregierung gegeben. Kardinal Reinhard Marx kritisierte wiederholt die immer restriktivere Politik. Zuletzt forderte er in einem Gottesdienst an Allerheiligen 2015 eine »Wende im Kopf«: Man dürfe sich nicht nur dauernd fragen: »Was wird aus uns, wenn wir den

Schwachen helfen?« Vielmehr gehe es darum, was mit den Notleidenden geschehe, wenn man ihnen nicht helfe. Mehrmals hatten sich auch katholische Laiengremien kritisch mit der Politik auseinandergesetzt. Bedford-Strohm und Kardinal Marx sagten: »Das Willkommen war nicht nur ein Event, dem jetzt der Kater folgt.« Aber von keinem ist die Unterstützung für einen humanen Umgang mit den Asylflüchtlingen nach seinem Besuch von Lampedusa größer und nachhaltiger als von dem jetzigen Papst Franziskus, der für eine Unterstützung der Schwächeren, eine Abkehr von einer Politik der Spannungen und der Ressourcenverschwendung sowie für eine Stärkung Europas eintritt.

Mai 2016. Tobender Parteitag gegen die Muslime

Am 30. April und 1. Mai 2016 sollte auf dem AfD-Parteitag in Stuttgart ein erstes Grundsatzprogramm verabschiedet werden. Damit wollte die Partei einen Fahrplan »für ein anderes Deutschland« entwerfen, wie es der Parteivorsitzende Jörg Meuthen vor mehr als 2000 Teilnehmern des Parteitages formulierte. Die zentrale Entscheidung betraf dabei die Haltung und den Umgang mit dem Islam.

»Der Islam gehört nicht zu Deutschland.« Mit dieser Formulierung hat der Parteitag unter Zustimmung einer großen Mehrheit der Delegierten seine Islamfeindlichkeit ins Programm geschrieben. Die Partei fordert ein Verbot von Minaretten, Muezzinrufen und der Vollverschleierung von Frauen. Auch das Schächten von Tieren, wie es die jüdische oder muslimische Tradition vorsieht, will die AfD komplett verbieten. Islamischen Organisationen soll der Status als Körperschaft ohne Ausnahme verweigert werden.

Es war Hans-Thomas Tillschneider, ein aus Rumänien eingewanderter Deutscher und Vertreter der patriotischen Plattform und des radikalen Flügels innerhalb der AfD, der in der entscheidenden Debatte um den Islam den Parteitag zum Toben brachte und zu Beifallsstürmen hinriss. 80 Prozent folgten der Einschätzung Tillschneiders, der zufolge der Islam nicht aufklärungsfähig sei und auch nicht aufgeklärt werden solle. Als ein AfD-Mitglied aus Lüneburg zu differenzieren versuchte und meinte, man solle Muslime nicht gänzlich ablehnen, sondern den Dialog mit muslimischen Gemeinden suchen, gab es verbreitet Buhrufe. Als ein weiterer Delegierter statt vom Islam konkreter vom *politischen Islam* und vom *Islamismus* gesprochen hatte, um die Muslime in Deutschland anzuerkennen, und die Ringparabel aus Lessings »Nathan der Weise« zitierte, um den Toleranzgedanken in die Diskussion zu bringen, gab es ebenfalls breite Ablehnung. Niemand aus dem Parteivorstand warf sich gegen die Feinderklärung Tillschneiders in die Bresche, weder Alexander Gauland noch Jörg Meuthen oder Frauke Petry. Lediglich der Parteiphilosoph Marc Jongen sah in der Formulierung einen großen Fehler, doch in der Abstimmungshektik unter der Leitung des ehemaligen Sprechers der Deutschen Burschenschaft, dem Tagungsleiter Christoph Basedow, und der riesigen Mehrheit des Parteitags ging diese Bemerkung unter.

Seit dem 1. Mai 2016 ist damit klar, dass die große Mehrheit der Partei auf eine aggressive, fremden- und islamfeindliche Dynamik setzt. Die Parteitagsregie wie der Vorstand haben es gleichermaßen zugelassen, hingenommen und damit auch gewollt, dass der radikale »Flügel« der Partei um Björn Höcke,

Hans-Thomas Tillschneider und die *Patriotische Plattform* in der entscheidenden Frage einer aggressiv fremdenfeindlichen Ausrichtung die Führung übernimmt. Die Wochenzeitschrift »Die Zeit« hat recht, wenn sie die Einstellungen, die auf dem Parteitag festgeschrieben wurden, so zusammenfasst:[10] »Für die AfD enden die Freiheiten der Individuen dort, wo sie mit dem Willen einer angeblichen deutschen Volksmehrheit und ihrer Volkskultur kollidieren. Die Partei vertritt ein Politikverständnis, in dem die Mehrheit immer recht hat und Minderheiten sich unterzuordnen haben. Im Weltbild der AfD ist nicht vorgesehen, dass das (ethnisch-deutsche) Wir und das fremde muslimische Ihr sich irgendwie vermischen, ohne dass es gefährlich wird. Wer einmal deutsch ist, wird es immer bleiben. Wer jetzt noch Muslim ist, wird immer Gegner sein.« Noch nie seit Aufkommen der nationalsozialistischen Partei im Laufe der Weimarer Republik ist so entschieden und umfassend eine Religionsgemeinschaft zum Feind erklärt worden.

Am ersten Tag des Parteitages erklärte der Europa-Abgeordnete der AfD, Marcus Pretzell, unter großem Beifall der Delegierten, dass er sich im Europaparlament der Fraktion »Europa der Nationen und der Freiheit« (ENF) anschließen will. Dies ist der Zusammenschluss der Rechtspopulisten, Rechtsradikalen und Rechtsextremisten, darunter Front National, die rassistische Lega Nord und die österreichische FPÖ. Am selben Tag erklärte die Parteivorsitzende Frauke Petry, dass das Wort »deutschnational« zur AfD passe. Dieser Ausrichtung entsprechend wurden auf dem Parteitag Diskussionen geführt und Beschlüsse gefasst. Grundlagen dafür waren bereits in der *Erfurter Resolution* um den völkisch-rechtsradikalen Björn Höcke formuliert worden, wonach es der AfD darum gehen müsse, für eine »grundsätzliche politische Wende in Deutschland« einzutreten und dass man sich nicht im Parteiensystem etablieren dürfe. Bereits 2014 hatte Hans-Olaf Henkel, der nach der Wahl Frauke Petrys zur Parteivorsitzenden aus der Partei austrat, den Initiatoren der *Erfurter Resolution* »völkisches Gedankengut« vorgeworfen, war aber schon damals nicht mehr durchgedrungen.

Die extreme neue Rechte – vom heutigen Neofaschismus Begeisterte

Von strategischer Bedeutung für die dynamische völkische Rechtsradikalisierung der Partei in der Hand ihres dynamischen Zentrums um Höcke, Poggenburg, Tillschneider und Gauland ist die systematische Kooperation mit dem Institut für Staatspolitik um Götz Kubitschek und Ellen Kositza und den sogenannten Identitären.

Daran schließen die Intellektuellen der extremen neuen Rechten an und dehnen ihren Einfluss in der AfD und ihren Vorposten dort aus. Sie sehen sich in einer Lage des Vor-Bürgerkriegs, in der es um Eskalation geht, um heroischen Realismus, und sie nutzen die Energiezufuhr aus historischen Ideen, die sie neu zusammenstellen – aus der Riege der Jungkonservativen und der antidemokratischen »konservativen Revolutionäre« der Weimarer Republik.

Sie beschwören eine ostdeutsche ethnische Kontinuität, die sich gegen die Totalitarismen des Nationalsozialismus, des Stalinismus und des Westens bewahrt habe, nicht der Charakterwäsche westlicher Umerziehung in die Falle gelaufen sei, sondern »gelassen in den Widerstand« gegen die Republik und den Westen gehe.

Die verschiedenen Gruppen der *extremen neuen Rechten* – darunter vor allem das *Institut für Staatspolitik* und die *Identitäre Bewegung* – vermitteln das Gefühl, sie seien an der Geburtsstunde einer großen völkischen Revolutionsbewegung beteiligt. Man trifft sie auf Veranstaltungen in Magdeburg, wo die AfD ihren größten Wahlerfolg feierte, ebenso auf den Kundgebungen Björn Höckes in Erfurt, bei den *Jungen Alternativen* in Berlin und anderswo.

Heute nutzen *Identitäre* ideologisch – darauf hat Micha Brumlik jüngst eindrücklich hingewiesen[11] – die zutiefst autoritären, teils faschistischen Texte der »Konservativen Revolution« aus der Zeit der Weimarer Republik. Zu den Aktivsten zählt der zeitweise aus Wien zu Kubitscheks Verlagsanwesen gezogene Identitäre Martin Sellner. In vom Antaios-Verlag verlegten »Gelassen in den Widerstand« (Streiga 2015) plädieren Martin Sellner und Walter Statz – man hört die Sprache Ernst Jüngers heraus – für eine »geistige (und politische) Verschärfung«: »Wir wollen die Herzen in Brand setzen, etwas in Bewegung bringen, die entscheidenden Fragen erneut, tiefer und mit politischen Folgen stellen. Die geistige Unruhe, der schlafende Furor teutonicus, das ewig unzivilisierbare, urdeutsche Fieber, das uns aus germanischen Urwäldern wie aus gotischen Kathedralen entgegenstrahlt, versammelt sich in uns. Unsere Gegner wissen das, und sie haben Angst. Sie wissen von der Möglichkeit der spontanen Eruption und Regeneration. Und sie wissen, dass wir nicht mehr in ihre Fallen laufen, dass wir ihren Schablonen und Gängelbändern entwachsen sind. Ich glaube, wir leben in einer Zeit der Entscheidung. Ich glaube, dass unsere Arbeit als Kreis, im Denken und Hören auf das

Sein, organisch in den politischen Kampf einer Massenbewegung, in die politische Arbeit einer Partei eingebunden ist.«[12]

Beispiele rapider Radikalisierung

Über die Binnenkommunikation der Pegida-Bewegung, erforscht über die Internetkommunikation von etwa 1000 über ein Jahr lang aktiven Pegida-Mitgliedern, ist exemplarisch gezeigt worden, dass sich die inszenierte Wut gegenüber Flüchtlingen in eine paranoide Angst gegenüber Muslimen, die längst eine Invasion betrieben hätten und unser Land zerstören, verwandelt hat: also in eine klassische Form paranoider Ideologie – mitsamt der Gewaltneigung, die damit verbunden ist.

Das Weltbild von Pegida besteht danach vordergründig aus der Wahrnehmung einer unmittelbar bevorstehenden oder in Gang befindlichen Übernahme Deutschlands und Europas durch den Islam und dessen totalitäre Herrschaft. Diese Islamisierung werde von Staaten aus dem arabischen Raum oder nicht näher genannten Mächten betrieben und von deutschen oder europäischen Regierungen und Medien unterstützt. Die Flüchtlinge seien ein Werkzeug dieser gewollten »Islamisierung«. Sie sollen die Deutschen verdrängen oder als Kämpfer an deren Vernichtung mitarbeiten. So wird schon allein die schiere Anwesenheit der Flüchtlinge als gefährlich interpretiert. Daher sei es zwingend notwendig, so der gemeinsame Tenor auf Facebook, gegen Flüchtlinge vorzugehen – und zwar mit allen Mitteln.

Aus der Analyse des Nationalsozialismus und seines Antisemitismus wissen wir, dass die Kraft des Paranoiden unzähmbar ist, wenn sie nicht gestoppt wird. Am Ende kennt sie nur ein

Ziel, dass nämlich die Invasoren, die »uns« zerstören, ausgeschaltet werden müssen, damit das eigene Volk überlebt. In dieser Logik ist jede Flüchtlingspolitik Verrat am Volk. Hat sich ein solcher Wahn, eine solche Paranoia durchgesetzt, gibt es bei ihren Trägern kein Halten mehr, und es kommt zur Entfesselung von Gewalt. Dann heißt es nur noch: »Die oder wir.« Das »legitimiert«, wenn man an der Macht ist, im Zweifel alles und damit auch tödliche Gewalt – und wenn man nicht an der Macht ist, gewalttätigen Widerstand.

Angriffe und Mordversuche

In der Nacht vom 27. auf den 28. August 2015 kam es zu einem fremdenfeindlichen Brandanschlag auf eine Asylunterkunft im niedersächsischen *Salzhemmendorf.* Die drei Täter wurden vom Landgericht Hannover wegen versuchten Mordes zu mehrjährigen Haftstrafen verurteilt. Einige Tage bevor es zu diesem Mordangriff kam, hatten sich drei als unbescholten geltende junge Erwachsene im Internet aggressiv und darüber hinaus mit Hakenkreuzsymbolen aufgeschäumt, ehe sie sich, wiederum über das Internet, für die Tatnacht verabredeten – nur wenige Stunden danach wurde ein Molotowcocktail produziert und gezündet. Sie hatten sich so radikalisiert und so enthemmt, hochideologisiert einen Mordanschlag zu unternehmen. Die verzerrte Realitätswahrnehmung gedieh im virtuellen Raum des Chatrooms ohne Gegencheck besonders gut und entfaltete eine Macht, die auf die Realität zurückschlägt.[13]

Am 17.10.2015 erfolgte das Attentat auf die spätere Oberbürgermeisterin von Köln, *Henriette Reker*, durch einen klassischen neonazistischen Schläfer. Er war Anfang der neunziger Jahre in der vielleicht radikalsten neonazistischen Vereinigung sozialisiert worden, der FAP, und sah nun aufgrund der aufgeheizten Stimmung die Zeit gekommen, einen Anschlag auf die Repräsentanten der Flüchtlingspolitik durchzuführen. Eigentlich galt der Anschlag, wie er bekundete, Angela Merkel selbst, mangels Chance wurde das Opfer des Attentats jedoch Henriette Reker. Der Mordanschlag ist auch Resultat der monatelangen Eskalation in der Flüchtlingsdebatte, die bisher latent gehaltene, aber neonazistisch Sozialisierte – wie den Täter Frank S. – gewaltsam agieren ließ.

Am Abend des 18. Februar 2016 versammelten sich in Clausnitz Gegner einer neuen Asylbewerberunterkunft, um die Ankunft der ersten Bewohner zu blockieren. Vor einem Bus mit Flüchtlingen skandierten sie den Spruch »Wir sind das Volk« und fremdenfeindliche Parolen wie »Ausländer raus«. Knapp zwei Stunden lang wurden die Ankommenden am Verlassen des Busses gehindert, erst nach zögerlichem Eingreifen der Polizei konnten sie das Gebäude betreten. Es kam zu einer Blockade, unter anderem durch ein Mitglied der AfD aus Sachsen. Dies führte bei den Flüchtlingsfamilien, unter anderem Kindern, zu physischer Angst, auch weil die Polizei nicht das Angemessene tat. Mehr noch: Ein Teil der sächsischen Polizei hat in Reaktion auf den Skandal die Kinder, die als Flüchtlinge eher ohnmächtig waren, als die eigentlichen Verursacher der Entfesselung der Gewalt in Clausnitz herabgewürdigt und damit aus Opfern Täter zu machen versucht. Der Zuständige ist nach wie vor Polizeipräsident in Sachsen.

Psychologie der Verwandlung von Angst in Aggression. Zur Faszination des Autoritären

Die allgemeine Stimmungslage, auf der Pegida und Teile der AfD ihre Ressentiments entfesseln können, haben Andreas Zick und Anna Klein in ihrer Studie »Fragile Mitte – Feindselige Zustände« aufgezeigt.[14] Darin offenbaren die Autoren einen Zusammenhang zwischen der persönlichen Erfahrung, politisch und ökonomisch nichts verändern zu können oder sich abgehängt zu fühlen, und einer Zunahme von Einstellungen, Wut an Schwächeren auszulassen. Die Autoren interessierten sich zunächst für demokratiepolitische Einstellungen. In den Befragungen äußerten zwei Drittel Zweifel an gegenwärtigen demokratischen Aushandlungsprozessen. Der Aussage »Die gewählten Vertreter von Parteien zerreden alles und lösen keine Probleme« stimmten 73,1 Prozent »eher« oder »voll und ganz« zu. Drei Viertel sahen die Demokratie durch politische Eliten missachtet: »Politiker nehmen sich mehr Rechte heraus als normale Bürger.« Ebenso gingen drei Viertel davon aus, dass letztendlich die Wirtschaft in unserem Land und nicht die Politik entscheidet. Genauso viele meinten, dass in Deutschland zu wenig gegen soziale Missstände protestiert wird. Auch wenn es gegenteilige Erfahrungen geben mag – das Ausmaß von Politik- und Demokratieverdrossenheit sowie die Enttäuschung darüber, wie Demokratie funktioniert, ist schon länger dramatisch. Besorgniserregend ist darüber hinaus, dass trotz des relativen Wohlergehens der Bundesrepublik Deutschland die Enttäuschungen in den letzten 25 Jahren nicht abgenommen, sondern sich zum Teil noch verstärkt haben.

Die Resignation, dass der Stärkere sich ohnehin durchsetzt, in der Ökonomie wie im gesellschaftlichen Leben, verbindet sich gerade unter Pegida-Anhängern mit den Erfahrungen der Ohnmacht hin zu autoritären Reaktionen. Um der Ohnmachtserfahrung zu entgehen, stellt man sich wie in einem emotionalen Umkippprozess auf die Seite der Stärkeren und verachtet nun selbst jene, die als schwach gelten, z. B. Langzeitarbeitslose, Flüchtlinge, Bettler oder alle, die man als fremd und als nicht zugehörig definiert. Bewusst oder unbewusst macht man sie so zu Sündenböcken des eigenen Schicksals. Auf dieser Grundlage finden Aussagen, dass Langzeitarbeitslose selbst Schuld wären an ihrem Schicksal oder dass es »wertes« und »unwertes« Leben gebe, erhöhte Zustimmung.

Nach der Studie stimmten 28 Prozent der Meinung zu, die regierenden Parteien würden das Volk betrügen (Zick 2016: 154). Ein knappes Drittel glaubt, dass es an der Zeit ist, mehr Widerstand gegen die aktuelle Politik zu zeigen, und gut ein Drittel der Bevölkerung (37 Prozent) teilte die Vorstellungen einer Islamverschwörung. Knapp 45 Prozent der Befragten sind der Ansicht: Der Islam habe in Deutschland zu viel Einfluss, und 40 Prozent meinen, die deutsche Gesellschaft sei vom Islam unterwandert. Fasst man beide Aussagen zu einer Skala zusammen, kommen die Autoren zu dem Ergebnis, dass 37 Prozent die Vorstellung einer Islamverschwörung teilen (155). Dabei korreliert die Vorstellung einer Islamverschwörung deutlich mit der Muslimfeindlichkeit und der allgemeinen Fremdenfeindlichkeit (156).

Umgekehrt gibt es hohe Zusammenhänge bei neurechten Einstellungen zwischen den Konstrukten Anti-Establishment, Widerstand, Islam-Verschwörung und Unterstellung eines Meinungsdiktats. Fast 28 Prozent der Bevölkerung (33 Prozent in Ostdeutschland) tendieren in diesem Sinne zu neurechten Einstellungen, 9 Prozent mit maximal hohen Zustimmungswerten (160).

Zunehmende Rechtsradikalisierung der AfD-Anhänger

Diejenigen, die angeben, die AfD wählen zu wollen, neigen mit 83 Prozent zu neurechten Einstellungen, immerhin noch 29 Prozent der potentiellen FDP-Wähler und 27 Prozent der potentiellen Linkspartei-Wähler. Im Einzelnen: Unter denjenigen, die Sympathien für die AfD haben, zeigt sich ein hoher Anteil an Fremdenfeindlichkeit (46,5 Prozent, 2014 vergleichsweise nur 33,2 Prozent), 43,5 Prozent Muslimfeindlichkeit und 73,9 Prozent Abwertung asylsuchender Menschen, aber auch 69,3 Prozent zeigen Abwertung arbeitsloser Menschen und es gibt ähnliche 61,6 Prozent, die auf ihren Etabliertenvorrechten bestehen; weiterhin: AfD-Sympathisanten stimmen in sechs erfassten Dimensionen rechtsextremen Einstellungen stärker zu als jene, die keine Sympathie für die AfD haben: so 9,3 Prozent der Verharmlosung des Nationalsozialismus, 23,1 Prozent der Ausländerfeindlichkeit. Mit jeweils zum Teil beträchtlichen Steigerungen im Vergleich zum Jahr 2014 – Ausweis der neurechten und rechtsextremen Radikalisierung der AfD-Sympathisanten. Befragte, die mit der AfD sympathisieren, neigen deshalb stärker zu gruppenbezogener Menschenfeindlichkeit und rechtsextremen Einstellungen, weil sie eher einem marktförmigen Extremismus folgen, der seinerseits die Abwertung sozialer Gruppen befördert, d. h. mit Gruppenbezogener Menschenfeindlichkeit und rechtsextremen Einstellungen verknüpft ist (180).[15]

Offenkundig hat es zwischen 2014 und 2016 einen Rechtsruck in den Einstellungen der AfD-Sympathisanten gegeben. Dementsprechend geben die Daten Hinweise darauf, dass sich durch den Kurswechsel der AfD auch die angesprochene Klientel über die Zeit verändert hat. Zusätzlich zum niedrigen Bildungsniveau und zu dem Befund, dass Männer deutlich stärker mit der AfD sympathisieren als Frauen, gewinnen 2016 auch die Faktoren niedriges Einkommen, ostdeutsche Herkunft sowie jüngeres Alter Einfluss auf die Partei-Sympathie. Hinzu kommt, dass die Zusammenhänge zwischen AfD-Sympathie und geäußerten abwertenden Vorurteilen sowie rechtsextremen Einstellungen deutlich enger geworden sind. Dabei sticht die deutlich häufigere Abwertung von Einwanderern, Asylsuchenden und Muslimen hervor. Genau diese Gruppen haben in den letzten Jahren die politische Debatte bestimmt und standen im Fokus der Ablehnung durch die AfD. Die Abwertung erfolgt heute deutlich direkter, so dass die Autoren von einer Verschiebung der Norm ausgehen. Die Abwertung ist offenkundig mit der »Flüchtlingskrise«, islamistischen oder vermeintlich islamistisch motivierten Anschlägen, einer diffus steigenden Angst in der Bevölkerung sowie einer kollektiven Angst vor sozialem Abstieg verbunden. (183) Das hieße, dass sich der Rechtsruck – wenn dem nicht entgegengewirkt wird – weiter verstärkt und verselbständigt und immer weniger abhängig von Wahrnehmungen sozialer Ängste wird – ein Prozess, den wir für die sich verselbständigende Radikalisierung gewaltbereiter rechtsradikaler Szenen in den 90ern nachzeichnen konnten (Funke 2002). »Gelingen diese Anknüpfungen an die Stimmungslagen in der Mehrheitsgesellschaft bei gleichzeitiger Vermittlung des Eindrucks der unzureichenden Problematisierung durch das etablierte Parteiensystem, dann wird sich die Normverschiebung mit hoher Wahrscheinlichkeit weiter verstetigen.« (Zick 2016: 183)

Allerdings ist mit der Radikalisierung zugleich ein Abschmelzen der Attraktivität in breiteren Schichten, die eher an

Protest interessiert waren und vor rassistischer Radikalisierung zurückschrecken, verknüpft.

Erhöhte Gewaltbereitschaft

Trotz der nachlassenden Flüchtlingsdebatte blieb jedoch die Gewaltwelle gegenüber Flüchtlingen, Muslimen und anderen 2016 fast auf dem gleichen Niveau wie in der Kernphase der Flüchtlingsdebatte 2015.

Nach dem »Tagesspiegel«-Artikel vom 13. Februar 2017 »Anhaltend hohe rechte Gewalt« registrierte die Polizei 2016 nach vorläufigen (!) Erkenntnissen »914 Gewaltdelikte, dabei wurden 692 Menschen verletzt. Die vorläufige Bilanz der Polizei für 2015 hatte (ähnliche) 921 rassistische und andere rechte Gewalttaten mit 691 Verletzten ergeben. Mit allen Nachmeldungen stieg die Zahl dann auf 1485 rechte Gewaltdelikte, bei denen ungefähr 1150 Menschen verletzt wurden.« Insgesamt zählte »die Polizei nach bisherigen Erkenntnissen im Jahr 2016 12 503 rechte Delikte. Neben den Gewalttaten sind das auch Delikte wie Volksverhetzung, Sachbeschädigung, Bedrohung und Beleidigung. 6076 Tatverdächtige wurden ermittelt und davon 149 vorläufig festgenommen.«

Der Bericht des »Tagesspiegel« geht auch auf die antisemitischen Straftaten des Jahres 2016 ein. Demnach stellte die Polizei »mindestens 644 Delikte von Judenhassern fest. Die meisten Taten, insgesamt 609, wurden rechtsmotivierten Antisemiten zugerechnet. Für weitere 20 Delikte waren ausländische Antisemiten verantwortlich. Die Zahl der in der Summe von 644 Delikten enthaltenen Gewalttaten ist mit 15 vergleichsweise gering.«

Die Gewalt hat ihre Spitzen dort, wo es durch die Bewegungen, die Ressentiments entfesseln, reaktivierte neonazistische gewaltbereite Netzwerke gibt, wie in Teilen Mecklenburg-Vorpommerns, Sachsens und Sachsen-Anhalts sowie in Brandenburg, gegen die bisher Polizei, Politik und Zivilgesellschaft oft machtlos sind.

Autoritäre Dynamik

(1) Der Resonanzraum an autoritären Einstellungen ist seit 2014 durch die rechtspopulistischen und rechtsradikalen Bewegungen drastisch zum Schwingen gebracht worden und ist, wenn dem nicht angemessen durch Zivilgesellschaft, Politik und Polizei entgegengetreten wird, schwerlich einzudämmen.
(2) Wenn sich diese Teile der Bevölkerung solchermaßen aufgerufen und anerkannt sehen, besteht die Gefahr, dass sich dies in Gewalt gegenüber den (ausgezeichneten) Sündenböcken niederschlägt. Genau dies ist in einer mehrfachen Verdoppelung in den Jahren 2014–2016 geschehen, inzwischen – so in Sachsen-Anhalt – auch bei geflüchteten Kindern an Grundschulen. Und es kommt zu einer breiten »Normalisierung« eines abwertend-sadistischen Alltagsrassismus, der das Klima in Kitas und Schulen vergiftet.
(3) War es am Anfang nur das Ressentiment, ist es wenige Jahre später ohne entsprechende konsequente Eindämmung solcher Gruppen auch ein ideologisch radikalisiertes Selbstverständnis, zur Befreiung der Gesellschaft gegen die angeblich drohenden Gefahren von außen und innen aktiv beizutragen. Gewissermaßen eine autoritäre »Antimoral«.
(4) Diese Radikalisierung verläuft in unterschiedlichen Graden,

je nach Ideologie, je nach Gruppen und Bewegungsumständen und nicht zuletzt nach dem allgemeinen öffentlichen politisch-kulturellen Klima, das dies fördert oder nicht.

Der Kleinmut liberaler Medien. Herbst 2016

Bis weit in die Kreise des Zentrums der CDU-Bundestagsfraktion machte man Angela Merkel für den Zustand der Republik verantwortlich. Sie habe das Land kaputtgemacht, Mörder ins Land gelassen, Sicherheit geopfert und Angst ausgelöst. Wir sind nicht mehr das, was wir waren, kulturell, national. Mit einer einzigen Entscheidung, der Grenzöffnung, habe Deutschland die Kontrolle über sich verloren – so hinein bis in Teile der liberalen Presse.

»Die Zeit« Nr. 35 vom 18. 8. 2016 titelte: »Die Nacht, als Deutschland die Kontrolle verlor« – und beschwor mit diesem Rechtspopulisten gefälligen, in der Redaktion hart umkämpften Titel einen Mythos der Niederlage, ja der Aufgabe der eigenen Identität. Ironisch genug, hätte es zu jenem Zeitpunkt 2015 nicht genügend Kräfte in der »Bild«, auch in der »Bild am Sonntag«, gegeben, wäre, so muss man vermuten, Merkels Kanzlerschaft in Gefahr gewesen.

Die Kanzlerin hat aus ihrer flüchtlingsfreundlichen Haltung heraus in den 3 Stunden, die ihr am 4. und 5. September 2015 blieben, nicht gezögert, wie die Bundesregierung ebenso wenig, und gesagt: Wir dürfen die Grenzen angesichts der gefährlichen Eskalation durch die Politik Orbáns in Ungarn nicht schließen. Wir müssen pragmatisch humanes Krisenmanagement betreiben. Es bleibt die Frage, ob man in den Wochen danach, ohne zynischen Rückstau die Balkanroute hätte blockieren können, die Grenzen hochziehen und die Flüchtlinge zwischen der Türkei und München sich selbst überlassen können. Das ist mehr als fraglich, auch aus internationalen Verpflichtungen wie dem Genfer Flüchtlingsabkommen heraus.

War – ein Jahr danach zurückgeblickt – die zeitweise Grenzöffnung nach Österreich und Ungarn nicht praktisch und moralisch unvermeidbar? Nach dem Scheitern der Regelungen der sicheren Drittstaaten schon lange zuvor: Ein Teil der Millionen Flüchtlinge aus Syrien und dem Irak waren längst an den Küsten Europas gestrandet – Tausende im Mittelmeer ertrunken und Italien und Griechenland gänzlich überfordert. Es war nur eine Frage der Zeit, wann die an den Küsten Südeuropas Gestrandeten uns erreichten. Es ist eher überraschend, wie lange es dauerte, ehe dieser Flüchtlingstreck begonnen hatte, nach vier Jahren Bürgerkrieg, nach der Präsenz und Barbarei des IS im Irak und nach dem weitgehenden Scheitern der Afghanistan-Mission vor allem der Vereinigten Staaten. Es war ja jahrelang gutgegangen mit dem europäischen Dublin-System, ins Erstaufnahmeland zu gelangen. Aber als Griechenland wie Italien überfordert waren, war es nur eine Frage der Zeit, bis es zu einer neuen Regelung hätte kommen müssen, und da es nicht dazu kam, kam es zu diesen Flüchtlingstrecks, eben auch nach Deutschland. Erst dann hat man mit der türkischen Regierung ein Abkommen erzielt, das ein Abebben der Flüchtlingswelle ermöglicht hat. Zugleich hat man endlich viel zu spät, mehr als zuvor, aber nicht genug für die Flüchtlingslager rund um Syrien getan. Und immer noch ist zu bezweifeln, ob man genug getan hat, um die Ursache des Ganzen, die Hölle von Syrien, zu kühlen.

Angela Merkel und die Bundesregierung hatten sich mit

Unterstützung der Parteien im Bundestag in den Herbstmonaten 2015 für dieses moralische Minimum starkgemacht, die Grausamkeit, die seit Tagen in Ungarn zu beobachten war, durch eine Grenzöffnung zu mindern. Es war Konsens, dass man nach der Grausamkeit der Verbrechen des Nationalsozialismus und dem Terror der Weltkriege frei, demokratisch und human sein wollte. Teil einer Gemeinschaft, die sich zu diesen Werten bekennt und sich die Gesellschaft so politisch ordnet. Wir dulden keine Grausamkeit, keine Gewalt gegen Zivilisten, keine Folter. Herfried und Marina Münkler haben recht: Das ist das moralische Minimum. Es war das Minimum, das die damalige internationale Staatengemeinschaft gegenüber Hitlerdeutschland in der Flüchtlingskonferenz von Evian dementiert hat. Als es um Juden ging, die später nicht mehr herauskamen. Es war das moralische Minimum, das Orbán in Zweifel zog, genauso wie Seehofer.

7

Gegen die Politik der Angst

Erfahrungen mit Traumatisierten. Momentaufnahmen aus Berlin[16]

Muhammed war mit seinem jüngeren Bruder von Afghanistan im großen Treck der Herbstmonate 2015 geflohen, irgendwann an der bayerischen Grenze gelandet, hatte seinen Bruder aus den Augen verloren und war ans LaGeSo (Landesamt für Gesundheit und Soziales) in Berlin geraten; er wollte, aber konnte nicht zu seinem Bruder, von dem er nicht wusste, wo er war. Dann wollte er zurück, ohne dies gleich umsetzen zu können. Da seien die bürokratischen Verabredungen vor. Ohnehin labil, wenn auch sehr freundlich, verfing er sich in Wahnvorstellungen, kam in psychiatrische Behandlung in einem Krankenhaus, das ihn nicht behalten konnte, wartete tagelang auf Hilfe, verlor seine Papiere, wollte kein Geld, kam in ein Wohnheim, das ihn nicht bändigen konnte, kam in ein anderes Heim und wollte immer noch zurück und brauchte dazu eine Einwilligung, die er angesichts fehlender Papiere und eines fehlenden Betreuers nicht bekommen hat. Er kann nicht vor und nicht zurück, nicht nach oben und nicht nach unten: verloren in Transfers und gescheiterten bürokratischen Regeln, die einmal gut gewesen sein mögen und ihn dann blockierten. In einem Moment tut er sich Gewalt an, im nächsten Moment womöglich anderen – in seinem nächsten Schub. Ausgesetzt in der Berliner *wilderness* einer fremden Glitzerwelt großstädtischer »Zivilisation«.

Der freundliche Afghane, der aus Karaj bei Tehran gekommen ist, will zurück und fragt, warum es so lange dauert, bis er darf. Er wollte zu Verwandten nach Schweden und ist stattdessen in Dänemark abgefangen und gleich 40 Tage ins Gefängnis gesperrt worden. Er durfte nur einmal die Woche mit seiner

Familie reden. Nun will er nur noch zurück zu seinen Kindern und zu seiner Familie, je eher, desto besser. Die 40 Tage haben ihm dauerhaft zugesetzt: Magengeschwüre, Bluthochdruck. Als wir ein wenig hineinhören in dieses Schicksal, bricht er in Tränen aus.

Serraj kam mit zwei kleinen Kindern aus einem Vorort von Damaskus. Der Junge hatte eine schwere Operation, das Mädchen war gesund. S hatte einen Steckschuss. Sie sollen zurück nach Hessen, haben aber hier Verwandte, unter anderem eine Schwester. Was tun? Wen kann man um eine Umverteilung bitten oder um einen entsprechenden Härtefallantrag? Wo sind die Papiere über die Operation des Jungen? Seine Schwester holt einige Papiere heraus, die ihn zeigen. Gibt es die Chance, die Umverteilung durchzusetzen? Warten. Diskussion. Daneben kommen andere mit anderen Problemen. Schließlich eine Kennerin von der Caritas, die einen Weg weiß, wenn man einen Behandlungsbedarf für das kranke Kind nachweisen kann. Die Kinder nutzen derweil ihren »Freiraum« und spielen – sie sind vielleicht fünf und sechs Jahre alt – mit dem, was ihnen in die Hände fällt: ein kleines Absperrsignal im LaGeSo. Dann gibt es ein Stück Schokolade, das umkämpft ist. Die Unsicherheit bleibt, ob es eine Lösung geben wird.

Der faire Umgang mit traumatisierten Kriegsflüchtlingen ist schwierig. Vielfach sind dabei auch die, die professionell und fair helfen, überfordert. Die Geflüchteten kommen aus Syrien, Afghanistan oder dem Irak, haben Krieg erlebt, oft aus bitterer Armut und einem Land mit vielfach traditionellen Gruppen- und Clan-Strukturen und Normen. Sie gingen im großen Treck der Herbstmonate 2015 mit und stießen hier auf Strukturen, die sie weder sprachlich noch inhaltlich verstehen, und suchen verzweifelt Halt und entgleisen, wenn sie ihn nicht finden. Jeder Interessierte weiß, dass die Flüchtlinge in großer Zahl traumatisiert sind und sich absolut verunsichert sehen müssen bei dem, was mit ihnen geschieht, ob sie zusammenbleiben oder getrennt werden, zurückmüssen, umverteilt werden, medizinische oder psychologische Hilfe bekommen oder nicht. Inzwischen, Mitte 2017 haben sich die von der Stadt organisierten Hilfestrukturen teilweise enorm verbessert. Es gibt Wohn- und Wohnheimangebote, vor allem in den äußeren Bezirken und ein Netz an freiwilliger und institutionalisierter Hilfe und Unterstützung. Aber allzu oft verfangen sich Geflüchtete in den Labyrinthen einer wuchernden Bürokratie, die Angst hat oder unwillens ist, die Spielräume, die sie hat, zugewandt zu riskieren, und es kommt ihnen die Sorge um die Geflüchteten abhanden. Und die Afghaninnen und Afghanen, da sie zurücksollen, sind in einer unhaltbaren Situation. Denn sie wissen nicht, in welchen Gefahren sie landen, wenn sie zurückgeführt sind.

In Oranienburg …

Dort ist es dank Bürgermeister, guter Stadtverwaltung und einer regen Willkommensinitiative gelungen, ebenso fair zu den Anwohnern zu sein wie zu den Flüchtlingen und dies trotz gelegentlicher »Abendspaziergänge«, die von Neonazis organisiert wurden. Aber inzwischen schwinden die freiwilligen Angebote an Deutsch- und Integrationskursen, während die institutionellen Angebote nicht ausreichen, und es gibt Angriffe gegenüber Menschen mit »anderen« sexuellen Orientierungen. Und dann ist da die Entscheidung, Geduldete nicht zu integrieren, auch wenn sie noch Jahre im Land bleiben. Und völlig im

Ungewissen werden alle Afghaninnen und Afghanen gehalten, was jede sinnvolle Arbeit blockiert.

Oder in Dinklage

Einer Kleinstadt in Niedersachsen mit gut 10 000 Einwohnern, wo 40 ehemalige und noch aktive Lehrerinnen und einige Lehrer den vielleicht 160 Flüchtlingen aus Syrien oder dem Iran zuhören und wenn man ihnen noch nicht zuhören kann, helfen, die deutsche Sprache zu erlernen, dezentrale Unterkünfte zu besorgen und regelmäßig Kaffeekränzchen zu bereiten, so dass sich Einheimische und Flüchtlinge austauschen können. Vor allem aber bieten sie Kurse für Analphabeten und Integrationskurse an, unterstützt von einer großen Gruppe engagierter, freundlicher selbstbewusster Einheimischer, die dies als Christen oder aus Menschenpflicht tun. Die Menschen verlieren ihre Angst, selbst die, die aus dem Sindjar-Gebirge noch haben fliehen können. Sie lachen einem zu, und es beglückt die, die helfen.

Eine neue Bürgerbewegung[17]

Inzwischen sind diese vereinzelten Beobachtungen in einer instruktiven »Studie zu Flüchtlingsprojekten« von Werner Schiffauer u. a. als verbreitet nachgewiesen. Schiffauer spricht von einer neuentstandenen »Bürgerbewegung«. In der Auseinandersetzung mit Flucht habe sich die deutsche Zivilgesellschaft neu aufgestellt. Zwischen 2015 und 2016 seien rund 15 000 Projekte entstanden, in denen kreative Antworten auf die vielfältigen Herausforderungen der Zuwanderung gefunden wurden.

Sie schreiben: »(Wir haben) anhand von 90 Einzelfallanalysen versucht, uns ein Bild von den Potentialen dieser Bewegung zu machen. (…) Es wurde deutlich, welche Kraft zur Bewältigung von gesellschaftlichen Problemen in der gegenwärtigen Zivilgesellschaft steckt. (…) Vor allem aber wurde deutlich, dass die Projekte weit mehr sind als nur die Summe von humanitären Einzelinitiativen. Vielmehr zeigte sich, dass es sich um eine soziale Bewegung mit einem ganz eigenständigen Profil handelt. Ihr politischer Kern besteht darin, dass sich hier das politische Gemeinwesen zunächst auf lokaler Ebene neu formiert. (…)«

Sie machen darauf aufmerksam, worin das Besondere, Demokratische dieser Projekte besteht:

»1. Über die Bindung an den Ort bildet sich eine neue Verantwortungskultur, und diese wiederum stärkt die Bindung an den Ort. Viele Initiativen sind mit dem Wunsch gestartet, es nicht zu Zuständen kommen zu lassen, die mit ihrem Ideal der Stadtgesellschaft unvereinbar waren: Sei es, dass die Situation der Geflüchteten vor Ort als unerträglich empfunden wurde; sei es, weil sie den Versuchen von Mobilisierungen von rechts entgegentreten wollten. 2. Vielerorts wird das Bemühen deutlich, neue Gemeinschaften zu bilden und Situationen herzustellen, von denen Neubürger wie Alteingesessene gleichermaßen profitieren. Damit wird mit dem Denkmuster gebrochen, dass alles, was Flüchtlingen zugute kommt, auf Kosten der Alteingesessenen erfolgt. 3. Auffallend ist eine Lust an Innovation und Experimentieren: Neues und anderes wird ausprobiert und Festgefahrenes aufgebrochen. Dies reicht von der Suche nach neuen Wegen, Ausbildung und Studium zu organisieren, über Internetseiten, die städtische Projekte vorstellen und vernetzen, bis hin zu neuen Angeboten für psychosoziale Beratung. 4. Es entstehen neue politische Allianzen, quer zum klassischen Rechts-links-Schema, an denen Aktivisten und Unternehmer, Konservative und Liberale, Muslime und Christen gleichermaßen beteiligt sind. 5. Der aus dem konkreten Engagement erwachsende persönliche und direkte Kontakt mit Geflüchteten trägt auch politische Früchte. Durch ihn wird der in der Politik vorherrschende kategorisierende und verallgemeinernde Diskurs aufgebrochen. Er führt unter anderem dazu, dass den staatlichen Versuchen, Geflüchtete nach guten oder schlechten Bleibechancen zu sortieren, Widerstand entgegengebracht wird. 6. Auffallend ist ein verbreitetes Bewusstsein über caritative Fallstricke, die immer auch bedeuten, dass zwischen den ›Helfern‹ und denjenigen, denen geholfen wird, neue Hierarchien und Abhängigkeiten entstehen können. Daraus erwachsen neue Formen des Umgangs mit Andersheit und Unterschiedlichkeit. 7. Es gibt deutliche Hinweise, dass sich über diese Bürgerbewegung neue ›glokale‹ Identitäten verbreiten, die sowohl lokale als auch globale Elemente miteinander verbinden, wie sie in den Einwanderervierteln schon seit längerem existieren. Diese Identitäten haben ihren Bezugspunkt nicht mehr in der Homogenität einer alteingesessenen Bürgerschaft, sondern in dem lokalen Bezug zur Welt. Sie entdecken die ›Buntheit‹ der örtlichen Kommune und sehen sie als konstitutiv für das Selbstverständnis.«

Diese ausführlich zitierte Studie mag unterstreichen, dass trotz der Dramatisierung in einem Teil selbst der liberalen Medien und trotz der unheimlichen Wiederkehr der fremdenfeindlichen Töne bei regionalen Innenpolitikern und Wahlkämpfern längst eine neue Bürgerbewegung entstanden ist. Sie ist ein aktiver Teil jener 90 Prozent der Bundesdeutschen in Ost und

West, die Kriegsflüchtlingen helfen wollen. Mehr als 70 Prozent wollen, dass Verfolgten Schutz gewährt wird. Dies trotz der 50 bis 60 Prozent, die den Islam und die Muslime für gefährlich halten und daher Angst vor ihnen haben. Und es sind Millionen, die helfen – die größte zivilgesellschaftliche Initiative, die die Republik erlebt hat.

Gemeinden und Länder stemmen die Herausforderung?[18]

Ein realistischer Blick auf die Bürgerkriegs- und Terrorlage im Nahen und Mittleren Osten und die Scheiternserfahrungen in Europa zeigt schnell, dass einfache magische Formeln der pistolenbewehrten Grenzschließung allenfalls »unbedarft« (Münkler über Sloterdijk und Safranski) oder wie im Fall der Seehofer'schen »Obergrenze« und einer vermeinten »Herrschaft des Unrechts« Reden ohne Wirkung sind. Will man nicht den Kern an menschenrechtlicher Selbstverpflichtung aufgeben, wird man Wege finden müssen, die sich ausweitende Krise so gut wie möglich zu bewältigen. Dazu gehört die massive, bislang ausgebliebene, auch finanzielle Unterstützung der Länder, die als Nachbarn Syriens bisher mehr als 5 Millionen Flüchtlinge aufgenommen haben. Dazu gehört, eine Politik zu unterstützen, die Flüchtlingen in der Nähe ihrer Herkunft eine menschenwürdigere Lage erlauben.

Nach der Umfrage des »Sozialwissenschaftlichen Instituts der Evangelischen Kirche« »Skepsis und Zuversicht – Wie blickt Deutschland auf Flüchtlinge?« (Hannover 2017) hätten sich die Einstellungen der Deutschen gegenüber Flüchtlingen seit November 2015 kaum verändert. Dies geht aus der Befragung von rund 2000 Personen hervor: Der Anteil von Menschen, die denken, Deutschland könne die Herausforderungen bei der Aufnahme von Flüchtlingen bewältigen, ist leicht gestiegen. Nach einer Studie, die von »Monitor« schon Anfang 2016, also während der Phase der größten Herausforderung, vorgelegt worden war, sahen sich nur wenige Gemeinden völlig überfordert, die große Mehrheit dagegen (noch) nicht. 50 Prozent der befragten Kommunen gaben an, dass die Grenze erreicht sei, man aber mit der aktuellen Zahl der Flüchtlinge zurechtkomme. 16 Prozent könnten laut eigener Einschätzung sogar noch mehr Flüchtlinge aufnehmen. 28 Prozent wollten sich zu der Frage nicht äußern, als wie stark belastet sie sich empfinden. Entgegen weitläufigen Annahmen sahen sich nur sechs Prozent der Kommunen überfordert. An der Umfrage beteiligten sich 373 von 700 Städten und Gemeinden Deutschlands.[19] Es war eine große Leistung der Kommunen und der ehrenamtlichen Helfer, die sich auf die Seite der bedrohten Bürgerkriegsflüchtlinge stellten. Unterschiedlich stark von den Zuständigen in den Ländern unterstützt; heraus ragten hierbei – zum Beispiel – das Saarland und viele Landräte in Bayern. Nach Schätzungen sind es bis zu 10 Prozent der Bevölkerung – das wären bis zu acht Millionen Bürgerinnen und Bürger!

Integration ist keine einfache Aufgabe. Je stärker das Engagement der Zivilgesellschaft und eine kompetente ressourcenreiche Verwaltung sich dem Problem der Flüchtlinge in einer Atmosphäre des Goodwills und einer »good governance« stellen, desto stärker dehnen sich die Belastungsgrenzen. Die Frage, wann eine Belastungsgrenze erreicht ist, ist dabei abhängig von den politischen Vorannahmen, den jeweiligen parteipolitischen »Gefühlen« und weiteren schwer messbaren Verhaltensparametern einer alles in allem gegenüber Flüchtlingen oft nicht offenen Politik. Gänzlich unterkomplex – ja, willkürlich – ist daher die pure Rede: Die Grenze sei erreicht und müsse deswegen mit Stacheldraht hochgezogen werden.

Integration im *Alltag* basiert auf gegenseitiger Wertschätzung. Dazu gehört, Flüchtlingen nicht nur ein Dach über dem Kopf anzubieten und für basale medizinische Betreuung zu sorgen. Integration ist perspektivisch auf die gleichberechtigte Teilhabe aller Menschen auf allen gesellschaftlichen, politischen und sozialen Ebenen gerichtet. Daher braucht es für Flüchtlinge neben einer fairen und freundlichen Kommunikation unmittelbar Deutsch- und Integrationskurse sowie Bildungsangebote. Nach den ersten Ergebnissen der Studie der in der Flüchtlingsarbeit aktiven Robert-Bosch-Stiftung »Was Flüchtlingen wirklich wichtig ist« (Berlin, Januar 2017) ist »Integration (…) im praktischen Alltag eine wechselseitige Querschnittsaufgabe. Hinzugezogene und Einheimische teilen dieselben Rahmenbedingungen wie Bildung, Ausbildung und Beruf, Arbeit und Arbeitslosigkeit, Familie, Gesundheit und Krankheit sowie Rente und Altern.« Der Studie zufolge zeigen die ersten Ergebnisse: »Der Wunsch nach echten sozialen Kontakten ist stark ausgeprägt. Weitere Themen, die Flüchtlinge häufig von sich aus ansprechen, sind der Wunsch, Deutsch zu lernen und Arbeit zu finden. Als belastend erleben sie Hürden beim Familiennachzug und die Ungewissheit über den Ausgang des Asylverfahrens. Hierzu kommt das Gefühl, zu wenig verständliche Informationen über den Stand des Asylverfahrens oder andere Anliegen wie die Verbesserung der Wohnsituation zu erhalten« (ebd.). Die Autoren betonen mit einem Zitat die Atmosphäre, die in der Flüchtlingsarbeit gebraucht werde: *»Ich meine, die*

Hilfe hat Millionen Wege. (…). Das schöne Wort ist eine Hilfe, das Lächeln ist eine Hilfe. Es muss nicht etwas Materielles gegeben werden. Manchmal ist ein Wort so viel wert wie viele andere (materielle) Dinge.« (Syrer, 62 Jahre)

Ohne falsche Anpassung

Einer solchen Perspektive widersprechen Vorstellungen der *Assimilation und Unterordnung*. Dabei wird Volk als eine Gemeinschaft von Menschen begriffen, die eine gemeinsame Herkunft, Sprache, Geschichte und Kultur teilen. Danach wäre derjenige nicht zwangsläufig integriert, der sein tägliches Handeln auf die Menschenrechte und das Grundgesetz einstellt, sondern nur derjenige, der zudem auf eine Geschichte seiner Familie im jeweiligen Land zurückschauen kann und sich im alltäglichen Leben an den jeweils herrschenden Werten orientiert. Einer solchen Form von Assimilation entspricht schon die eigene Gesellschaft meist nicht. (Brumlik) Diejenigen, die einem solchen Assimilationsverständnis folgen, projizieren eine widerspruchsfreie Konformität mit Blick auf bestimmte Werte und Bilder vom guten Leben, die sie selbst nicht einhalten. Die Vertreter einer solchen Engfassung sind in der Regel nicht bereit, im Rahmen des politischen Gemeinwesens mit anderen zusammenzuleben. Geflüchtete sind dagegen Träger der Grundrechte. Die Grundrechte gelten allen – das ist der Kern liberaler Anerkennungskultur. D. h. auch jenen, die geduldet sind.

Inzwischen macht sich eine restriktive Abschiebepolitik breit, die humanrechtlichen Ansprüchen offen widerspricht und deswegen zu wachsenden Konflikten zwischen einzelnen Ländern, im Bund und in der Öffentlichkeit führt. Afghanische

Flüchtlinge werden mit wuchtiger inszenatorischer Kraft in das immer noch gefährliche Afghanistan abgeschoben. Dies geschieht auch wegen der Angst vor Terror, obwohl Terrortaten zumeist nicht durch Flüchtlinge, sondern in Deutschland wie in Europa durch eigene, entglittene Staatsbürger (home grown) verübt werden. Die Abschiebungen geschehen aber auch aus Angst vor der AfD und vor Horst Seehofer.

Politik, die reale Angst abbaut

Für die aber, die in ihren Orientierungen, ja in ihrer Identität erschüttert sind, stellt sich die Frage, was das Gemeinwesen, unsere Gesellschaft tun kann, um wieder Halt und Orientierung anzubieten und zu gewähren. Denn die Angst vor der Zukunft, wenn sie da ist, muss angesprochen und angegangen werden. Sicher, aber nicht nur im persönlichen Gespräch vor Ort, sondern auch durch das, was Politik vor Ort, in der Gemeinde, im Stadtteil, aber auch bundesweit leisten kann. Es braucht Mindestbedingungen sozialer Fürsorge und sozialer Sicherung; für Kinder – ohne Armut aufzuwachsen und sich bilden zu können; für Alte – ohne Armut und soziale Unsicherheit leben und ggf. gepflegt werden zu können. Es geht um die realen Chancen für Kinder und Jugendliche wie für Erwachsene, ohne Angst nach vorne zu schauen und zu leben. Deswegen ist es ein Gebot demokratischer und politischer Vernunft, durch neue Sozialpolitik die Ausschläge der Globalisierung einzudämmen.

8

Was deutsch sei. Gegen die nationalkonservative Engführung deutscher Identität

Offen wird nicht nur von rechts ein Streit darüber geführt, was Deutschland nun ausmache. Die Rechte redet neuerdings von einer, wenn auch weichgewaschenen, völkischen bzw. nationalistischen Ideologie. Vertreter einer solchen völkisch-integralen Nation sind nicht nur bereit, die liberale Alltagskultur, sondern auch die Prinzipien und Werte des liberalen Rechtsstaats aufzukündigen. Im Zuge dieser Aufkündigung ist von *Staats- und Volksvergessenheit* der gegenwärtigen Politik die Rede. Sie stellt die Prinzipien des Grundgesetzes in Frage, greift die Menschenrechtsbindung des Grundgesetzes an und damit die grundgesetzlich garantierte Offenheit, ohne die Individuen wie Gesellschaft sich nicht entfalten können: die Bedingung für Freiheit, Gleichheit und Gerechtigkeit.

Das neue Wahlprogramm der AfD verlangt, dass in der »Erinnerungskultur die aktuelle Verengung auf die NS-Zeit zugunsten einer Geschichtsbetrachtung aufzubrechen sei, die auch die positiv identitätsstiftenden Aspekte deutscher Geschichte umfasst« (vgl. Micha Brumlik: *Wer du bist, wer ihr seid und wer es euch sagt* in: die »taz« vom 22. März 2017). Brumlik spießt die Aussage eines Historikers über Walter Benjamin auf, der fragt, »in welchem Sinne war Benjamin deutsch, von Bildungsgang oder Staatsangehörigkeit einmal abgesehen« – ein klarer Hinweis darauf, dass deutsch mehr und offenkundig ethnisch oder sogar rassistisch konnotiert sein soll.

Das, obwohl wir längst ein Einwanderungsland, ja eine

Rainbow-Nation sind und die deutsche Staatsbürgerschaft nicht mehr nach ethnischen Kriterien vergeben wird; und doch beobachten wir einen Regress auf das, was nach Rechtspopulisten deutsche Identität sei: wer dazugehöre und wer nicht – nicht nur im Sinne des Staatsbürgerschaftsrechts, sondern eben auch ethnisch. Dazu wird die schlichte These vertreten, dass die Geflüchteten und überhaupt Muslime unsere Identität gefährden würden und wir in Deutschland einem Prozess der »Überfremdung« (Berthold Kohler, »Frankfurter Allgemeine Zeitung«, 20.9.2016), »Umvolkung«, der Zerstörung der Identität ausgesetzt seien, schon jetzt, mit jedem Muslim, mit jedem, der aus »fremden Kulturen« zu uns komme und mit der autoritären Radikalisierung der türkischen Politik zunehmend gegen die größte Minderheit in Deutschland gewendet.

Es irritiert schon, dass auch der Innenminister sagt, »Wir sind nicht Burka«, dass »wir nicht mehr genau (wissen), wer wir sind und wer wir sein wollen« (de Maizière im »Spiegel«). Dabei hatte die CDU mit Deutsch- und Integrationskursen und einem Islam-Dialog gerade erst und sehr, sehr spät: »vor 10 Jahren den Hebel umgelegt« (Altmaier). Das ist eine kurze Zeitspanne. Gesine Schwan hat Angela Merkel und diese CDU-Politik, die noch vor zehn Jahren dominiert hat, kritisiert, als sich Merkel gegen Süssmuth, also auch gegen deren Integrationsappelle ausgesprochen hatte; und Schwan hat gegenüber diesen nationalkonservativen Traditionen in der CDU ein fundamental anderes Verständnis von Integration angemahnt.

Menschenwürde als liberale »Leitkultur«[20]. Testfall für die Verteidigung der Republik

Bis weit in konservative Kreise geht der Streit darum, wie die als *fremd*, als *muslimisch* interpretierte Minderheit in Deutschland wahrgenommen, eingeordnet oder anerkannt wird. Eine Debatte, die an Intensität durch die Geflüchteten der letzten zwei Jahre zugenommen hat. Schaffen wir es, so lautet die Kernfrage, sie durch unsere Rechtsgemeinschaft als Mitglieder dieser Gemeinschaft anzuerkennen oder neue Gräben neuer / alter Markierungen zwischen innen und außen, zwischen wir und die – ob Staatsbürger oder nicht – zu ziehen und so die Identität durch die Abweisung der Nichtidentischen und »Fremden« neu zu beschwören und vor den Gefahren bürgerkriegsähnlicher, gegeneinander gerichteter Parallelgesellschaften zu warnen.

Die Gesellschaft wird eine liberale Anerkennungskultur gegen die Strategen der autoritären illiberalen Abwehr, ob aus Polen, Ungarn oder aus der AfD, verteidigen müssen. An der Frage, was unter Integration verstanden werden soll, wird sich entscheiden, ob Länder des westlichen Europas jenen Weg einschlagen werden, für den heute beispielhaft Ungarn steht. Das wäre der Weg eines völkischen Nationalismus, der noch vorgibt, die westlichen Freiheiten und liberalen Errungenschaften oder in der Sprache von Pegida das christliche Abendland zu verteidigen. Aber deren Logik ist auf eine ständige Rücknahme liberaler Spielräume, auf ein Wegrammen des liberalen Rechtsstaats ausgerichtet. *Bei einer liberalen Integration geht es jedoch nicht darum, eine multikulturelle Gesellschaft durchzusetzen. Es geht umgekehrt um eine Gesellschaft, die ihrem Wesen nach immer schon multikulturell, weil liberal sein soll und in der verschiedenste kulturelle Alltagspraktiken garantiert sind* (Micha Brumlik) – im Rahmen der Grenzen, die durch das Grundgesetz vorgegeben sind. Dies eröffnet erst die Möglichkeit, Freiheit und Gleichheit für alle zu erkämpfen.

Lebendiger Verfassungspatriotismus

Die Abwehr fixiert sich immer noch und immer wieder auf einen angeblich – welche Ironie! – »blutleeren« Begriff, den des Verfassungspatriotismus. Wie ihn Dolf Sternberger im Blick auf das Grundgesetz gegen einen »blutvollen« nationalistischen Patriotismus-Begriff empfohlen und Jürgen Habermas weitergeführt hat. Dabei ist Verfassungspatriotismus längst durch den hohen Grad der Identifizierung der Deutschen mit der Verfassung und dem, was mit ihr verbunden ist an gegenseitiger Achtung, Menschenwürde und Respekt, Lebenserfahrung mehrerer Generationen. Zwar haben die letzten zweieinhalb Jahre gezeigt, dass die Politik und Teile der Medienindustrie mit der Angstmache zu einer erheblichen Gewaltwelle und zur Vergiftung des Klimas an vielen Orten beigetragen haben, aber dies doch nicht die liberale Haltung der großen Mehrheit der Deutschen erreicht hat, sondern diese Mehrheit von einer ethnozentrisch-nationalistischen Verengung (noch) nichts wissen will. Diese Mehrheit ist zwar nicht so laut, aber sie hält aus guten Gründen an einer Kultur gegenseitiger Anerkennung fest.

Dieter Borchmeyer hat in »Was ist deutsch? Die Suche einer Nation nach sich selbst« gezeigt, dass der Begriff des Deutschseins sich keineswegs in der Abwehr gegen »Fremde« verengen lässt, sondern vom Dreißigjährigen Krieg bis in die Gegenwart sich immer wieder gewandelt und immer wieder neue Identitäten hervorgebracht hat: zwischen Überheblichkeit der Nationalisten wie der Nationalsozialisten – und der Weltbürger wie Kant, Goethe und Adorno. Es ist ein strittiges großes Werk, das in dieser Zeit der Umbrüche und der inneren wie internationalen Herausforderungen zur Verständigung darüber dienen mag, was heute eigentlich deutsch sei. Der Autor betont darin, dass Deutschsein sich nicht auf eine abgrenzende Identität gegenüber »Fremden« und »anderen« – früher Juden, heute Sinti und Roma oder Geflüchtete und Muslime in Deutschland berufen kann. Zwar hatten wir in den frühen und späten Jahren des 19. Jahrhunderts eine nationalistische, ethnozentrische, ja teils rassistische und vor allem antisemitische Engführung dessen, was deutsch sei, gehabt und mehr noch den Ultranationalismus in der ersten Hälfte des 20. Jahrhunderts. Aber über lange Phasen ein Deutschland der Anerkennung der Perspektiven der Einwanderer, ja von Immanuel Kant bis Wolfgang von Goethe gab es eine Blütezeit mit Weltbedeutung.

Was die Phase, die uns besonders interessiert, anlangt, mag der Blick des Autors ein wenig zu epochal geblieben sein. Etwa dann, wenn er Martin Walsers Wutrede gegen die Erinnerung an den Nationalsozialismus 1998 als große kulturelle Leistung beschwört (vgl. Borchmeyer 2016: 923). Auch was den Begriff des Verfassungspatriotismus anlangt, hält er diesen – entwickelt aus der Französischen Revolution, nach dem die Nation auf einem Vertragsschluss beruhe und Produkt einer kollektiven Willensentscheidung sei – für ein abstrakt-theoretisches Modell, das sich einer Identifikation des Bürgers mit seiner Nation widersetze. Dies sei durch alle geschichtliche Erfahrung beglaubigt. Fast immer sei Nation mit Erinnerung an kollektive Erfahrungen verbunden, die häufig in gemeinsam erfahrenem und oft ausgestandenem Leid bestehen. Das sei das Walser'sche »Geschichtsgefühl«. Gegen Borchmeiers Lobrede auf Walsers »Friedensrede« 1998 sei allerdings eingewandt: Ist nicht gerade der Streit darüber wichtig, welches »Geschichtsgefühl« Martin Walser in seiner zugespitzten Rede 1998 gelten lassen wollte und welches nicht, etwa das des Zeitgenossen Ignatz Bubis, und er so einer ethnozentrischen Verengung das Wort redete? Ebenso wie schon die bei Konservativen bis heute umstrittene große Rede des Bundespräsidenten Richard von Weizsäcker 1985, nach der 1945 nicht von der Entscheidung der Deutschen, Hitler die Macht zu übergeben, getrennt werden dürfe.

Mehr noch: Ist nicht die immer wiederholte Behauptung vom Verfassungspatriotismus als blutleerer Kategorie längst durch den hohen Grad der Identifizierung der Deutschen mit der Verfassung und dem, was mit ihr verbunden ist an gegenseitiger Achtung, Menschenwürde und Respekt, etwas Erfahrenes und auch emotional als bedeutend Erfahrenes?

Der einzelne Mensch ist in seiner Würde unverfügbar. Das ist der Kern des Grundgesetzes

Das Bundesverfassungsgericht hat anlässlich seines Urteils über den Antrag zu einem NPD-Verbot im März 2017 auf die Bedeutung des änderungsfesten Kerns der Verfassung hingewiesen. »*Ihren Ausgangspunkt findet die freiheitlich demokratische Grundordnung in der Würde des Menschen nach Art. 1 Abs. 1 des Grundgesetzes. Danach ist die Menschenwürde unverfügbar. Die Staatsgewalt hat sie in allen ihren Erscheinungsformen zu achten und zu schützen.*« (Ziffer 538) Das Gericht hebt hierbei *insbesondere die Wahrung der personalen Individualität, Identität und Integrität sowie die elementare Rechtsgleichheit* (539) hervor und betont, dass dem eine *Vorstellung vom Menschen zugrunde liegt, die diesen als Person begreift, die in Freiheit über sich selbst bestimmen und ihr Schicksal eigenverantwortlich gestalten kann.* (539) Diese *Subjektqualität* des Menschen verweist auf den *Einzelnen*. Die Würde des Menschen bleibe nur unangetastet, wenn *der Einzelne als grundsätzlich frei, wenngleich stets sozial gebunden, und nicht umgekehrt als grundsätzlich unfrei und einer übergeordneten Instanz unterworfen behandelt wird.* (540) Schließlich: *Menschenwürde ist egalitär. Sie gründet sich ausschließlich in der Zugehörigkeit zur menschlichen Gattung (…). Mit der Menschenwürde sind daher ein rechtlich abgewerteter Status oder demütigende Ungleichbehandlung nicht vereinbar.* (541) Demokratie und Rechtsstaat sind daher unmittelbar an diese Bestimmungen der Menschenwürde des Einzelnen gebunden. Es gibt keine Möglichkeit, die Verfassung ohne diese Menschenwürde als demokratisch rechtsstaatliche zu begreifen. Damit gehen alle Vorstellungen, man sei »staats- und volksvergessen«, leer aus; im Zweifel richten sie sich gegen unsere Verfassung. Sie beziehen sich nicht auf das, was grundgesetzlich vorgegeben und mit einer Ewigkeitsgarantie verbunden ist. Gott sei Dank.

9

Fazit: Nach der rassistischen Gewaltwelle Aufstehen für Demokratie

Umkämpfte, angegriffene Demokratie

Die Demokratie in Deutschland nach dem Zweiten Weltkrieg war umkämpft und ist es wieder. Gestartet ist die Bundesrepublik mit einer Verfassung, die früh die Konsequenz aus dem Nationalsozialismus formuliert hat und sich als gelebte Verfassung der Menschenwürde erst in den folgenden Jahrzehnten, vor allem seit den sechziger und siebziger Jahren, gesellschaftlich hat durchsetzen können. Im Kampf um mehr Demokratie von Willy Brandt bis Richard von Weizsäcker und Heiner Geißler. Im Konflikt mit ehemaligen Nationalsozialisten, aber auch den Nationalkonservativen um Alfred Dregger hat man die gesellschaftliche Auseinandersetzung um die Verbrechen des Nationalsozialismus in langen, leidvollen Kämpfen durchgesetzt und so ein politisch-kulturelles Klima bereitet, in der die Ausgegrenzten wahrgenommen und einbezogen werden können. Wie umkämpft das noch lange blieb, zeigen die teils als existentiell wahrgenommenen großen Debatten der achtziger Jahre in Westdeutschland.

Trotz des Wunders von Leipzig und der (ersten) friedlichen Einigung Deutschlands – einer Kooperation von mutigen Bürgern der DDR und einer um Entspannung bemühten Politik Gorbatschows – blieb die Demokratie umkämpft und nicht ohne Verbitterung bei einem Teil der Ostdeutschen. Erst in zähen Auseinandersetzungen um die doppelte autoritäre Erbschaft im Osten und die bis heute umkämpfte soziale und ökonomische Durchsetzung gleicher Lebensverhältnisse wurde nach zwei Generationen allmählich ein politisch-kulturelles Selbstbewusstsein auch bei der Mehrheit der Ostdeutschen verankert.

Es gehört inzwischen zu den besonderen Erfahrungen in ganz Deutschland, die *Wunde Nationalsozialismus nicht* zu verdecken, sondern sich um eine angemessene kritische Erinnerung erfolgreich zu bemühen – weswegen die Ahnungen, man scheitere wie in Weimar, so abwegig sind. Die Bundesrepublik Deutschland steht spätestens seit den sechziger Jahren in einem gesellschaftlichen Demokratisierungsprozess, der inzwischen auch den vereinigten Osten Deutschlands erfasst hat. Für die deutsche Geschichte ist dies Chance, ja einmalig. Es ist anders als nach der Gründung des Nationalstaats 1871. Es ist anders als zur Zeit der Weimarer Republik, die durch die Katastrophe des Ersten Weltkriegs und eine schwierige Ökonomie während ihrer gesamten Zeit gefährdet war. Das politische System war am Ende auf der einen Seite von antisemitischen Deutschnationalen und der nationalsozialistischen Bewegung dominiert, während es auf der progressiven Seite zu einer unüberwindbaren Spaltung zwischen einer an der sozialen Demokratie orientierten SPD und einer mehr und mehr stalinistisch geprägten KPD kam. Dies führte dazu, dass die ohnehin schwachen demokratischen Kräfte um die Liberalen, um das Zentrum und die Sozialdemokratie keinen Ausweg mehr fanden, der von Mehrheiten gewollt wurde. Der autoritäre Reichspräsident Paul von Hindenburg hatte in der ökonomischen Krise, die ohne Ausweg blieb, die Möglichkeit, jederzeit das Parlament aufzulösen, schwächte die Weimarer Demokratie dadurch zusätzlich und bereitete den Weg zum Hitlerstaat vor.

Demokratische und proeuropäische Gegenbewegung gegen die Aggression der autoritären Nationalisten von Trump bis Le Pen und Höcke

Nach nun über zwei Jahren anbrandender rechtspopulistischer Entfesselung autoritärer Vorurteile gegen Geflüchtete, Muslime und Migranten durch einen – allerdings ausgeweiteten – Rand zeigen sich nun vermehrt die Anzeichen einer Gegenbewegung der Demokraten in Ost- wie Westdeutschland, die die frühe Meisterleistung einer Verfassung der Menschenwürde (erneut) mit Leben füllt. Die Angriffe von rechts führen nun zu einer demokratischen (und proeuropäischen) Gegenbewegung.

Schon die Untersuchungen »Enthemmte Mitte« (Decker 2016) und »Fragile Mitte« (Zick 2016) haben die Bereitschaft nachgewiesen, sich demokratisch neu zu justieren und sich nicht weiter den destruktiven Ressentiments und der damit verbundenen Gewalt passiv auszusetzen. Nach der »Fragilen-Mitte-Studie« (Zick 2016) haben sich die demokratischen Milieus in den letzten zehn Jahren von 36,9 Prozent auf 59,9 Prozent der Bevölkerung ausgeweitet. Darunter ist es vor allem das »moderne demokratische« Milieu, das alle Aussagen des Rechtsextremismus ablehnt und eine aktive Stütze der demokratisch verfassten Gesellschaft ist. Damit beschreibt die Studie eine Stärkung zivilgesellschaftlicher und demokratischer Werte bei einer angewachsenen Minderheit der Bevölkerung. Die Gesellschaft geht gegen die Polarisierer von rechts in die Offensive.

Die Berliner Bevölkerung hat es in der Frage von Terror und Angst nach dem Attentat auf dem Breitscheidplatz vom 19. Dezember 2016 vorgemacht: die Angst geteilt, die Wut und vor allem die Trauer. Die Berliner haben besonnen reagiert – ein wenig wie in Paris, in London und nach 9/11 in New York. Sie sind nicht auf den rituellen Versuch einer Entfesselung des Ressentiments um jeden Preis durch Rechtspopulisten hereingefallen. Sie haben den Hetzreden Björn Höckes aus der AfD, von Rechtsextremen und von Neonazis eine Absage erteilt. An den Bürgern Berlins sollten Politik und auch die Sicherheitsbehörden Maß nehmen.

Der Konsens der 80 Prozent. Patrioten der Demokratie und der Menschenwürde

Auch zweieinhalb Jahre Politik der Angstmache haben nicht die liberale Haltung der großen Mehrheit der Deutschen erschüttert. Diese große Mehrheit will von einer ethnozentrischen Verengung nichts wissen. Nach Generationen der Demokratisierung hat die Mehrheit der Deutschen anerkannt, was sie an ihrer Vielfalt hat. Sie haben die Erfahrung gemacht, dass es das Leben entspannt und bereichert, wenn es nicht in Grabenkämpfen, politischen Feinderklärungen und zerstörerischen Abenteuern Rechtsradikaler zerrissen wird.

Die Demokratie auf der Basis der Kerngrundrechte der Menschenwürde, des Respekts und der Gewährung der Grundfreiheiten ist inzwischen über mindestens drei Generationen und in Ostdeutschland über mindestens zwei Generationen erlebte Erfahrung und keineswegs *blutleer.* Das ist es, was den Patriotismus gegenüber der Verfassung ausmacht. Es bezieht die konkreten individuellen Erfahrungen in Beziehungen, die Empathie gegenüber Nachbarn und »Fremden« und die Vielfalt der Lebensentwürfe der Menschen in Europa ein.

Es gibt einen demokratischen Konsens, wenn es um das geht, was Herfried und Marina Münkler in »Die neuen Deutschen« als moralisches Minimum beschreiben: Wir dulden keine Grausamkeit, keine Gewalt gegen Zivilisten, keine Folter. 72 Prozent der Deutschen sind *stolz auf ihre Demokratie* und 77 Prozent auf die *Verfassung*. Zusammengenommen sind vier Fünftel der Deutschen verfassungspatriotisch, ein Fünftel nicht (Zick 2016: 157).

Nationalkonservative und Ethnozentriker in der Minderheit

Zwar »nur«, aber eine Mehrheit von immerhin 61 Prozent der Befragten sind *stolz auf Deutschland als Einwanderungsland* (ebd.). Das macht es zur Herausforderung, sich an die Seite derjenigen zu stellen, die von abwertenden Blicken heimgesucht werden – von wem diese auch immer kommen –, in der U-Bahn, am Arbeitsplatz, im Fußballstadion, und den Mut gegen Mobbing in Schule, Betrieb und Ausbildungsplatz zu haben. Es wäre ein erneutes Versagen der Mitte, auch und gerade der demokratischen Nationalkonservativen, die Ausdehnung der Ausgrenzungen und Abwertungen eines Nationalismus wieder zuzulassen, die Islamophobie zu pflegen und die Islamfeindschaft hinzunehmen, sich von den Krisen in Europa, Nordafrika oder dem Nahen und Mittleren Osten nicht berühren zu lassen, sondern sie apathisch und gleichgültig hinzunehmen – oder sogar zu instrumentalisieren.

Ein gemeinsamer Freund schrieb uns, er sehe die Ablehnung »Fremden« gegenüber, die Demagogie der öffentlichen wie veröffentlichten Sprache, das Desinteresse der vielen. Es hinterlasse ihn ratlos, obwohl Deutschland sein Lebensmittelpunkt geworden sei: »Meine Kinder werden in einer Atmosphäre des Vergiftet-Seins und der Ausgrenzung hier aufwachsen, wenn ich als Vater nichts unternehme! ›Das Gift ist überall‹ (Klemperer) … ich weiß allerdings auch, dass keine Straße zu lang ist mit einem Freund an der Seite.«

Befähigung zur Empathie

Erst im Laufe der Jahrzehnte haben sich die Fernwirkungen der Demokratisierung auch in der Pluralisierung der Lebens- und der Erziehungsstile niederschlagen können. Zu den größten und am wenigsten beachteten Erfolgen dieser gesellschaftlichen Demokratisierung gehört eine weniger autoritäre, ja nun mehrheitlich nichtautoritäre Erziehung in ganz Deutschland.

Wie wichtig das ist, hat schon die Adorno-Schülerin und Sozialforscherin Christel Hopf in ihrer beispielhaften Untersuchung *Familie und Rechtsextremismus* (1995) gezeigt. Sie konnte nachweisen, dass diejenigen, die als Kinder und Jugendliche emotional und kommunikativ einbezogen und anerkannt wurden, als Jugendliche in der übergroßen Anzahl mit ethnozentrischer Verachtung gegenüber Minderheiten nichts zu tun haben wollen. Eine solche positive Normentwicklung sei entscheidend davon abhängig, ob den Kindern genügend Zuwendung entgegengebracht wurde, ob sie beachtet wurden und man versucht hat, sie jeweils zu verstehen und zugleich auf Bedürfnisse und Rechte anderer Kinder oder auch erwachsener Bezugspersonen im Gespräch mit ihnen aufmerksam zu machen. Wichtig waren induktive Erziehungspraktiken, also die Argumentation mit der Handlungskonsequenz eigenen Tuns für andere (statt des »Einbläuens« bestimmter Normen – etwa durch Prügel oder durch

Liebesentzug). Die emotionale Qualität der Beziehung zwischen Eltern und Kindern und die dabei vermittelte Sicherheit, die das Kind durch die erwachsene Bezugsperson erfährt, ist von erheblicher Bedeutung für die Selbstwahrnehmung des Kindes, aber auch die Wahrnehmung des anderen in ihm selbst. Dadurch gelingen Formen der Anerkennung des anderen in einem selbst, also des Gewissens als innere Stimme des anderen. Es ermöglicht den Kindern, eigene moralische Maßstäbe, unabhängig von äußerem Druck, zu entwickeln.

Soziale Integration – vor allem durch Bildung für alle – ist vielleicht sogar die entscheidende soziale und kulturelle Prävention gegen ein Klima des Mobbings, der Entwertungen und der Sündenbockjagden. Es gehört zu den Kernaufgaben der Eltern, aber genauso sehr der Kindergärten, Schulen und der Politik vor Ort, dass es ein solches Klima der gegenseitigen Anerkennung und zugewandten Unterstützung gibt – und so die allzu verständliche Angst der vielen, abzurutschen, abbaut. Es ist eine der Hauptaufgaben der Politik, Bedingungen zu schaffen, die es erlauben, niemanden zu demütigen oder allein zu lassen, erst recht keine Kinder.

Nur eine soziale ist eine Demokratie – In Deutschland. In Europa

Die deutsche Gesellschaft ist nach dem Grundgesetz ein sozialer Rechtsstaat. Keine Demokratie kann halten, wenn sie nicht sozial ist – und heute nicht entschieden etwa gegen Altersarmut und gegen die Vernachlässigung gerechter Bildungschancen für alle, vor allem aber für Kinder, eintritt.

Pulse of Europe. Über 80 Prozent für Stärkung des europäischen Zusammenhalts

Jürgen Habermas hat in der »Zeit« in der ihm eigenen Präzision die doppelte Herausforderung an Gesellschaft und Politik in Deutschland und Europa formuliert:[21] Auf dem Weg zu einem sozialen Europa müssen »die Bürger erkennen können, dass jene sozialen und wirtschaftlichen Probleme angepackt werden, die die Verunsicherung, die Angst vor sozialem Abstieg und das Gefühl, die Kontrolle zu verlieren, verursachen. Sozialstaat und Demokratie bilden einen inneren Zusammenhang, den in einer Währungsgemeinschaft nicht mehr der einzelne Nationalstaat allein verbürgen kann.« Die ab 2010 eingeleiteten Sparmaßnahmen und Steuererhöhungen haben in Spanien, Portugal und Italien nicht wie erhofft die Staatsverschuldung gesenkt, sondern dazu beigetragen, dass die drei Volkswirtschaften zurück in die Rezession getrieben wurden. Die Erfolglosigkeit des Konsolidierungskurses ist entgegen einer verbreiteten Meinung nicht die Folge mangelnden »Reformeifers« der jeweiligen Regierungen – vielmehr haben die drastischen Ausgabenkürzungen und Steuererhöhungen verhindert, dass die unternommenen Reformen ihre volle Wirkung entfalten. Das ist das Ergebnis einer Studie des Deutschen Instituts für Wirtschaftsforschung (DIW Berlin), die die Wirkungskanäle der Austeritätspolitik in Spanien, Portugal und Italien für den Zeitraum 2010 bis 2014 untersuchte. Statt einer diskriminierenden Sparpolitik braucht es eine Kehrtwende zu einer Wachstums-, Investitions- und Bildungspolitik in Europa, um es schlicht vor dem Zerfall durch Rechtspopulisten und ihre zerstörerischen ökonomischen Abenteuer zu retten. »Europa geht auch solidarisch« (Busch 2016):

Eine solche Politik diente den deutschen ökonomischen Beschäftigungsinteressen genauso wie den gegenwärtig einigermaßen von Zentraleuropa abgehängten Ländern des europäischen Mittelmeerraums von Griechenland über Frankreich bis Portugal. Es wäre die Chance, nach 60 Jahren Europa noch zu verhindern, dass es durch Erschütterungen in Frankreich oder Italien auseinanderfällt und eine ganze Generation von Jugendlichen und jungen Erwachsenen hochgebildet ins Leere fällt. Dies wäre die entscheidende soziale und kulturelle rettende Antwort auf den zerstörerischen Anti-Europa- und Anti-Euro-Kurs der Rechtspopulisten und Rechtsradikalen von Le Pen bis zur AfD. Wir lernen gerade an der von allen Rechtspopulisten so gepriesenen Regierung Trump, dass er so wenig regierungsfähig ist wie seine europäischen Claqueure.

Herausgefordert durch die Angriffe auf den grundlegenden Wert der Menschenwürde – auch aus Washington –, sollte sich Deutschland als ein Land verstehen, das *diesen Wert v*erteidigt, nicht aufs Militärische zielt und international Verantwortung trägt – als europäische und in Europa verankerte Ausgleichs- und Friedensmacht. 81 Prozent der Befragten wollen, dass der Zusammenhalt in der EU gestärkt wird. Nur 19 Prozent der Befragten sind der Ansicht, Deutschland wäre ohne die EU besser dran. (Zick 2016)

Ohne Angst

Nach innen: Wir sind seit langem ein Einwanderungsland. Auch die Nationalkonservativen wissen das, auch wenn sie momentan noch hinter der Beschwörung der Gefahr des Terrors, des radikalen Islam und der Fixierung auf eine Obergrenze sich ängstlich-ethnozentrisch verstecken. Wir können es uns leisten, den Dialog mit den »anderen« ernsthafter als bisher zu betreiben, in Fragen der Religion, in Fragen des Zusammenlebens, dafür, ohne Angst verschieden sein zu wollen. Gegen die Versuche eines Rollback von ganz rechts und mancher assistierender Nationalkonservativer – eher kleinlich, wahlkampffixiert, manchmal auch provinziell – sollten wir der Herausforderung entsprechen, ebenso wie zu den Anwohnern zu den Zufluchtsuchenden fair zu sein und das Nötige ohne bürokratische Verzögerung und einem latenten Unwillen angemessen zügig, weltoffen und auf der Basis eines demokratischen Selbstbewusstseins auch mit einer Haltung der großen Leidenschaft – in den Worten Willy Brandts: mit *compassion* – zu tun. Dazu sind wir mit unserer Geschichte im Rücken herausgefordert und nicht überfordert.

Es kommt – ob wir es wollen oder nicht – mehr auf uns Deutsche, die deutsche Politik und auf die deutschen Medien an, als wir das noch vor einem Jahr ahnen konnten. Anders als bei Rechtspopulisten ist es die Raison d'être der Gesellschaft nach dem Nationalsozialismus:[22] nicht die Angst zu schüren, nicht die Ressentiments zu entfesseln, nicht den inneren und den äußeren Feind zu beschwören: *keine Politik mit der Angst* zu betreiben. Schaffen wir das nicht, wären die Folgen verheerend.

Bibliographie

Adorno, Theodor W. (1975): Soziologische Schriften II, Frankfurt am Main.

Adorno, Theodor W. (1969): »Erziehung nach Auschwitz«, in: ders. *Kritische Modelle* 2, Suhrkamp Verlag, Frankfurt am Main, S. 85–101.

Almond, Gabriel / Verba, Sidney (1980): The Civic Culture Revisited. Boston 1980.

Améry, Jean (1970): *Jenseits von Schuld und Sühne. Bewältigungsversuche eines Überwältigten*, dtv, München.

Hannah Arendt: Nach Auschwitz. Essays und Kommentare I. Berlin 1989.

Baader, Meike Sophia (2008): 1968 und die Erziehung, in: 68er Spätlese – Was bleibt von 68? (Hg. N. Tobias Schaffrik; Sebastian Wienges), Münster.

Bischof, Willi (Hg.) (2005): *Studien über den Film »Der Untergang«*, Unrast-Verlag, Münster.

Brumlik, Micha (2001b): Deutschland – eine traumatische Kultur, in: Klaus Naumann (Hg.), *Nachkrieg in Deutschland*, Hamburger Edition, S. 409–418.

Brumlik, Micha (2005): *Wer Sturm sät. Die Vertreibung der Deutschen*, Aufbau-Verlag, Berlin.

Brumlik, Micha/Funke, Hajo/Rensmann, Lars: Umkämpftes Vergessen. Walserdebatte, Holocaustmahnmal und neuere deutsche Geschichtspolitik. Berlin 2000.

Brumlik, Micha 2015: Jüdische Heimat Bundesrepublik. Website michabrumlik.de.

Celan, Paul (1986): »Gespräch im Gebirg«, in: ders. *Ges. Werke Bd. III. Gedichte III, Prosa, Reden*, Suhrkamp Verlag, Frankfurt am Main, S. 169–173.

Cil, Nevim: Topographie des Außenseiters. Berlin 2007.

Decker u. a.: Die enthemmte Mitte. Berlin 2016.

Deutschkron, Inge (1998): *Ich trug den gelben Stern*, dtv, München, Erstauflage 1985.

Elm, Michael (2008): Zeugenschaft im Film. Eine transdisziplinäre Analyse filmischer Narrationen des Holocaust im Hinblick auf politische Bildung. Berlin.

Fest, Joachim / Eichinger, Bernd (2002): *Der Untergang. Hitler und das Ende des Dritten Reiches.* Rowohlt Verlag, Reinbek bei Hamburg.

Frei, Norbert (1996): *Vergangenheitspolitik. Die Anfänge der Bundesrepublik und die NS-Vergangenheit*, C. H. Beck, München.

Frei, Norbert: 1945 und wir. Das Dritte Reich im Bewußtsein der Deutschen; C. H. Beck, München 2005.

Frei, Norbert (1968): Jugendrevolte und globaler Protest. München 2008.

Freud, Sigmund (1974): »Massenpsychologie und Ich-Analyse«, in: ders. *Fragen der Gesellschaft. Ursprünge der Religion*, Studienausgabe, Bd. IX, Fischer Verlag, Frankfurt am Main , S. 61–134.

Friedländer, Saul (1979): Wenn die Erinnerung kommt. Stuttgart 1979.

Friedländer, Saul (1999): *Kitsch und Tod. Der Widerschein des Nazismus*, Fischer Verlag, Frankfurt am Main.

Funke, Hajo: Die andere Erinnerung. Frankfurt am Main 1989.

Funke, Hajo (2000): Friedensrede als Brandstiftung. Zu Elementen und Wirkungen von Martin Walsers nationaler Selbstversöhnung im Kontext deutscher Gedenkpolitik, in: Brumlik, Micha / Funke, Hajo / Rensmann, Lars: Umkämpftes Vergessen Berlin 2000.

Funke, Hajo: Paranoia und Politik. Berlin 2002.

Funke, Hajo (2003): Der amerikanische Weg. Berlin.

Funke, Hajo (2008): Das Otto-Suhr-Institut und der Schatten der Geschichte. Berlin.

Funke, Hajo (2016): Von Wutbürgern und Brandstiftern. Berlin.

Gilcher-Holtey, Ingrid (Hg.): 1968. Vom Ereignis zum Mythos. Frankfurt 2008.

Groehler, Olaf (1992): »Erblasten: Der Umgang mit dem Holocaust in der DDR«, in: Hanno (Hg.), Loewy *Holocaust: Die Grenzen des Verstehens. Eine Debatte über die Besetzung der Geschichte*, rororo, Hamburg, S. 110–127.

Heitmeyer, Wilhelm (2007): Deutsche Zustände, Frankfurt am Main.

Historiker-Streit (1987): *›Historiker-Streit‹. Die Dokumentation der Kontroverse um die Einzigartigkeit der nationalsozialistischen Judenvernichtung*, Piper Verlag, München.

Hopf, Christel (1995): Familie und Rechtsextremismus. Weinheim.

Hübner-Funk, Sybille: Die nationale Mission der HJ-Generation, in: Rauschenbach, Brigitte (Hg.): Erinnern, Wiederholen, Durcharbeiten. Berlin 1992.

Huntington, Samuel (1998): Kampf der Kulturen. München.

Institut für Sozialforschung (1955): *Gruppenexperiment. Ein Studienbericht, bearbeitet von Friedrich Pollock, mit einem Geleitwort von Franz Böhm*, Europäische Verlagsanstalt, Frankfurt am Main.

Kopke, Christoph (2004): »Heil Kräuter. Der gute Mensch in Hitlers Bunker? Die Rolle des Arztes Ernst Günther Schenck im »Untergang«, in: *FAZ*, 20.9.2004.

Krause, Peter: Der Eichmann-Prozess in der deutschen Presse Frankfurt am Main/New York 2002.

Laabs, Dirk (2012): Der deutsche Goldrausch. München.

Löwenthal, Leo (1988): »Individuum und Terror« mit einem Kommentar von Helmut Dubiel, in: Diner, Dan (Hg.), *Zivilisationsbruch. Denken nach Auschwitz*, Fischer Verlag, Frankfurt am Main, S. 15–29.

Longerich, Peter: Politik der Vernichtung, München und Zürich 1998.

Märthesheimer, Peter / Frenzel, Ivo (1979): *Im Kreuzfeuer: Der Fernsehfilm ›Holocaust‹. Eine Nation ist betroffen*, Fischer Verlag, Frankfurt am Main.

Mitscherlich, Alexander / Mitscherlich, Margarete *(*1998*):* *Die Unfähigkeit zu trauern. Grundlagen kollektiven Verhaltens*, Piper Verlag, München.

Negt, Oskar: Achtundsechzig. Göttingen 1995.

Rensmann, Lars (2004): *Demokratie und Judenbild. Antisemitismus in der politischen Kultur der Bundesrepublik Deutschland.* Verlag für Sozialwissenschaften, Wiesbaden.

Rosenthal, Gabriele: »Vom Krieg erzählen, von den Verbrechen schweigen«. In: Hannes Heer und Klaus Naumann (Hrsg.): Vernichtungskrieg. Verbrechen der Wehrmacht, 1941–1944. Hamburg 1995 (Seite 651–664).

Schmid, Antonia (2015): »Ikonologie der ›Volksgemeinschaft‹. ›Deutsche‹, ›Juden‹ und ›Jüdinnen‹ sowie andere ›Andere‹ im Film der Berliner Republik über den Nationalsozialismus«. Unv. Diss.

Schwan, Gesine: Politik und Schuld. Die zerstörerische Macht des Schweigens. Frankfurt am Main 1997.

Schwilk, Heimo / Schacht, Ulrich (Hrsg.) (1994): Die selbstbewusste Nation. Berlin.

Seeßlen, Georg (2004): »Der Untergang«, in: *epd Film*, 21. Jahrgang, Heft 10 / 04, S. 36–37.

Waibel, Harry (1996): Rechtsextremismus in der DDR. Köln.

Welzer, Harald / Moller, Sabine / Tschuggnall, Karoline (2002): *›Opa war kein Nazi‹. Nationalsozialismus und Holocaust im Familiengedächtnis*, Fischer Verlag, Frankfurt am Main.

Wojak, Irmtrud (Hg.) (2001): *»Gerichtstag halten über uns selbst …«. Geschichte und Wirkung des ersten Frankfurter Auschwitz-Prozesses*, Fritz Bauer Institut, Jahrbuch 2001, Campus Verlag, Frankfurt / New York.

Dank

Dieses Buch basiert auf zahlreichen Gesprächen. Für ihre Anregungen und Ermutigungen danken wir Diane Nakschbandi, Alexander Jasse, Samuel Berhanu, Inge Knoblauch, Michael Hirz, Jan und Maike Kreutzberg, Jan Jungehülsing, Yves Kugelmann, Stefan von Holtzbrinck, Ula und Victor Prohl, Jörg Bong, Tim Klimes, Johanna Behre, Albrecht Freiherr von Wrede zu Schütz-Leerodt, Michel Friedman, Heribert Prantl, Andres Veiel sowie Lutz Bucklitsch, Micha Brumlik, Christiane Mudra, Wolf-Dieter Narr und Werner Perger.

Anmerkungen

1 Eine frühe Fassung dieses Abschnitts findet sich in Hajo Funke: Paranoia und Politik. Berlin 2002.

2 Vgl. u. a. Funke 2008.

3 Die große Mehrheit dieser neuen Bewegung sollte sich der Auseinandersetzung um den Vietnamkrieg, einer nicht-autoritären Erziehung und Bildung, der Emanzipation von Frauen und nach einer Phase utopischer Revolutionsversuche der politischen und gesellschaftlichen Sozialreform zuwenden.

4 »Spiegel«, 2. 11. 1998.

5 Hervorhebung des Autors, H. F.

6 »Spiegel«, 30. 11. 1998.

7 Aus Funke 2000.

8 Dies wie alle folgenden, nicht gekennzeichneten Zitate aus: »Frankfurter Allgemeine Zeitung«, 14. 12. 1998.

9 Vgl. u. a. Funke 2016.

10 Vgl. »Was deutsch ist, soll es ewig bleiben«, in: *Die Zeit*, 1. 5. 2016.

11 Vgl. Micha Brumlik, Das alte Denken der neuen Rechten. Mit Heidegger und Evola gegen die offene Gesell-

schaft, in: Blätter für deutsche und internationale Politik, März 2016.

12 Vgl. Martin Sellner, Walter Statz: Gelassen in den Widerstand, Streiga 2015.

13 Vgl. »Mordversuch an Asylbewerbern in Salzhemmendorf«, in: www.nopegida.blogspot.de, zuletzt eingesehen am 25. 5. 2016.

14 Andreas Zick, Anna Klein: Fragile Mitte – Feindselige Zustände. Herausgegeben von der Friedrich-Ebert-Stiftung Bonn, 2014.

15 Unter marktförmigem Extremismus werden ein unternehmerischer Universalismus und ökonomische Werthaltungen gefasst; zu ökonomischen Werthaltungen gehört: Menschliche Fehler können wir uns nicht mehr leisten, Menschen, die wenig nützlich sind, kann sich keine Gesellschaft leisten (also vermutlich Arbeitslose und erst recht Langzeitarbeitslose).

16 Von Hajo Funke.

17 Vgl. https://mediendienst-integration.de/migration/wer-kommt-wer-geht.html, abgerufen am 31. 3. 2017.

18 Statt unbedarfter Stimmungsmache braucht es angesichts der absolut bedrückenden Situation in und um Syrien ein ebenso entschiedenes wie *kluges Krisenmanagement*. Dabei geht es um einen fairen Umgang mit den Flüchtlingen genauso wie mit den Anwohnern in den Stadtteilen, die vor neue Herausforderungen gestellt

sind – wie dies in Hunderten von Situationen auch durch die Hilfe von Hunderttausenden von Flüchtlingshelfern gelingt. Es braucht einen menschenwürdigen Umgang in der Kommunikation, vor allem in den Erstaufnahmeeinrichtungen, eine vernünftige Unterbringung und um schnelle erste Schritte der Integration durch Sprachkurse, aber darüber hinaus auch Ausbildungs- und Arbeitschancen. Dazu ist eine handlungsfähige Exekutive auf Bundes-, Länder- und kommunaler Ebene notwendig, weniger Parteienstreit und schon gar nicht eine oft hysterisch aufgeladene Politik und Medienmacht zur Maximierung der Verunsicherung.

19 Vgl. Moritz Seidel, Jochen Taßler, »Monitor-Umfrage zu Flüchtlingen. Kommunen kaum überfordert?« in: www.tagesschau.de, 25.2.2016.

20 Vgl. Micha Brumlik, Hajo Funke: »Acht Thesen zum 13. März: Die Demokratie verteidigen. Die rechtsradikale AfD stellen«, in: www.hajofunke.de, 13.2.2016.

21 Jürgen Habermas im Interview mit Thomas Assheuer, »Die Spieler treten ab. Kerneuropa als Rettung«, in: www.zeit.de, 9.7.2016.

22 Keine Politik mit der Angst – das ist die Summe des Denkens einer der besten Analytiker des Nationalsozialismus, des auch am OSI tätig gewesenen Politologen Franz Neumann, der »Behemoth« verfasst hat.